박물관 해설사가 들려주는

개항장 이야기

박물관 해설사가 들려주는

개항장 이야기

초판 발행 / 2018년 7월 1일
엮은이 / 전경숙
발행인 / 윤미경
발행처 / 도서출판 다인아트 등록 1996년 3월 8일 제87호
인천광역시 중구 중앙동 4가 1-3 2층 (개항로 14)
tel. 032-431-0268 / fax. 032-431-0269 / e-mail. dainartbook@naver.com
인쇄 / 장원문화인쇄
제본 / 대한제책

ISBN 978-89-6750-051-1(03900)
값 / 15,000원

※ 본 사업은 (재)인천문화재단 우.주.인 프로젝트로 선정되어 진행되었습니다.

박물관 해설사가 들려주는

개항장 이야기

전경숙

목 차

다섯 번째 이야기

여섯 번째 이야기

일곱 번째 이야기

여덟 번째 이야기

아홉 번째 이야기

박물관 해설사가 들려주는 개항장 이야기

직장에서 외국인이 오면 가끔 통역을 하던 남편이 오래전 "외국 사람들은 오면 인천에 있으려고 하지 않고 대부분 서울로 올라 간다" 는 말을 하였습니다. 그 말을 들으며 "근대를 열어 온 인천은 오래 전부터 많은 역사가 있는 곳인데……" 라는 생각이 들었고 자유공원, 신포동 등 중구 일대를 다니면서 간간이 보이는 오래 된 건물들에 관심을 가지게 되었습니다.

한적한 길을 걸으면서 지역의 역사가 궁금해졌고 '우리 동네 역사' 를 공부해서 외국인들이 오면 영어로 우리 동네 이야기를 해 주리라는 마음을 갖게 되었습니다. 개항 해설사, 향토사라는 말조차도 조금은 생소하던 때부터 시작한 공부로 해설사 1급, 2급 자격증을 받게 되었습니다. 2006년 건축전시관이 개관한다는 말을 듣고 정말 해설을 하고 싶은 마음으로 지원 했고 중구 개항 해설사 1호라는 자부심으로 스스로 스토리텔링을 하면서 재미있게 해설을 했습니다. 처음에는 관람객들도 그저 구경삼아 들어 왔다가 제 해설을 들으면서 서서히 바뀌는 표정을 보면서 많은 생각을 했고 큰 보람을 느끼게 되었습니다.

어릴 때 제가 배운 역사는 시대별 임금의 이름을 외우고 어떤 사건이 일어난 년도를 외우는 데 집중하는 것이었습니다. 그 사건이 왜 일어났는지, 어떻게 전개 되었는지, 결과가 어떻게 되었는지...... 저는 그것이 궁금했습니다. 그 궁금함에서 시작한 공부가 오늘 저를 이 자리에 있게 했고 15년의 세월이 흘렀습니다.

이 책은 정년을 앞두고 제 나름대로 '마무리' 를 하고 싶다는 생각으로 그동안 찾아가 배우고 듣고 공부한 역사 속의 '이야기' 들을 쉽게 읽을 수 있도록 쓴 것입니다. 그래서 건축물의 양식이라든가 사건이 일어난 년도 등은 거의 쓰지 않았습니다. 역사적 사건과 건축물에 대한 지식은 많이 부족해서 자료집이라고 하기에는 부족하지만 해설하기에는 조금 긴 이야기들을 여러분께 들려 드리고 싶었습니다.

해설사로 근무하는 동안 여러 일본인 관람객들과 사진과

자료, 엽서를 주고받으면서 제가 하는 일이 박물관에서 단순히 안내하고 해설하는 것이 다가 아니라는 생각이 들었습니다. 특히 2012년 전시관에 방문한 따찌아나 심비르쩨바(러시아, 사바찐 연구) 교수님께 인천의 옛 사진과 도록을 보내드렸는데, 그 해 러시아에서 개최된 관련 학술대회에서 그 도록과 자료를 받아보고 포기했던 연구를 발표하게 되었다는 감사의 인사를 받았습니다. 그 인연으로 얼마 전에는 러시아 문화부에서 주최하는 '사바찐-한국' 전시회와 관련한 인터뷰를 하기도 했습니다. 이처럼 여러 선생님들을 연결하거나 소개하고 다양한 관람객들과 만나고 교류하면서 "인생이 어디로 흘러갈지 모르는구나……" 라는 생각이 들었습니다.

15년 전 인천중구여성회관에서 3,000원의 수강료를 내고 듣기 시작한 '개항 120년사' 강의가 오십이 다 된(당시에) 저를 대학으로 이끌어 주었고 이 자리까지 오게 했습니다. 그리고 부끄럽지만 제가 하고 싶은 이야기를 책으로 엮게 되었습니다.

이야기를 정리해서 책으로 나올 수 있도록 언제나 응원해주시고 지지해 주신 인천중구 시설관리공단 문화사업팀 김종호 팀장님, 김남희 학예사님께 감사드리고, 인천역사자료관의 강덕우 박사님께서 옛 사진을 사용할 수 있게 해주셔서 진심으로 감사드립니다. 또한 언제나 저를 응원해주신 강옥엽 박사님께도 감사드립니다. 보잘 것 없는 저의 이야기를 예쁘게 묶어 주신 윤미경 대표님과 출판사 직원분들께도 감사드립니다. 이 책은 구술되고 전해오는 이야기를 중심으로 구성되어있기 때문에 객관적인 사실과 차이를 보일 수 있습니다. 부족한 점이 있어도 이해해 주시고 개항장에 스며있는 풍성한 이야기를 들려 드리고 싶은 마음으로 엮었습니다. 감사합니다.

개항박물관에서

2018년 7월 전경숙

첫 번째 이야기

제물진두 ● 감리서 ● 해관 ● 올림포스호텔 ●

영국영사관 터 ● 러시아영사관 터 ● 해안성당 ●

경인철도 ● 인천광역시중구청

제물진두

진두津頭:진두는 나루터를 말한다

중구 항동 2가 일대

지금의 인천항은 개항 당시에는 제물포라고 불렸으며 외국 선박과의 접촉을 시도하는 군중의 왕래가 잦은 곳으로 서양 세력이 조선으로 드나드는 관문이자 선교사들의 거점이었다. 2007년 12월 인천광역시역사자료관에서 펴낸 『외국인의 기록으로 보는 인천 근대』(인천광역시역사자료관, 2007)에는 '20세기 초의 제물포' 라는 당시 외국인들이 기록한 내용이 실려있다.

'제물포는 한강 어귀를 수비하기 위해 요새를 돌보는 소작농이 사는 부근의 군대 마을과 초라한 어촌의 군집마을이 전부였다. 1883년 개항 이후 16년이 지난 현재(1899) 2만 명의 여러 국적의 사람들이 사는 급속히 성장하는 도시가 되었다. 1882년 5월 22일 슈펠트 제독에 의해 서양 국가와 첫 번째 조약이 이루어졌을 때, 그를 위해 제물포 뒤편 언덕 쪽으로 막사가 설치되었다. 그곳은 현재 지방행정관의 저택이 있는 곳으로 조미수호조약이 이루어졌을 때 그 경계는 만석동이라는 작은 마을과 군인부락인 화도진까지였다.

가장 중앙에 위치한 일본인 거주지에는 일본인 수가 약 4,500명이고 일본 영사관의 구역 내에 있다. 이곳에 일본 우선주식회사와 오사카상선회사의 사무실이 있었다. 이들은 일본에서 한국, 또는 한국을 거쳐서 중국까지의 기선을 운행하였다. 제물포 일본인 조계지 내에는 튼튼한 화강암 건물의 일본 제1은행, 일본 제18은행, 일본 제58은행도 있다. 이 항구에서 일본인이 관여하는 것 중 가장 중요한 사업은 아마도 서울-제물포 간의 철도 경영이다.

또한 항구에 거주하며 인근 경작지에 소규모 채소밭을 소유한 중국인 채소 재배자가 상당히 많았는데 이들 중 대부분이 산둥 지방의 농부로 봄이면 이곳으로 와서 자신들의 토지에서 일하고 겨울이면 자신들의 고향으로 돌아가면서 항구의 중국인 거주자의 수가 지속해서 변동하였다.

보통의 외국인 사회는 극동지역의 다른 항구와 거의 유사하게 구성돼 있는데 주로 해관직원, 영사들, 상인들, 그리고 선교사들이다. 이들의 거주지는 이 항구의 동부 끝 쪽에 있고, 거리와 하수시설이 잘 설치되어 있다. 경찰의 감독이 철저하고 거주지의 권리가 잘 유지되고 있다.

이 항구의 사업의 선두에는 〈타운젠트양행〉 〈세창양행〉 그리고 〈홈링거양행〉의 3개 회사가 있다. 〈세창양행〉은 한국의 서부지역 광산구역의 광대한 지역에 대한 독일 채굴권을 맡고 있어서 제물포로 오게 되었다. 〈홈링거양행〉은 홍콩과 상하이 은행의 대리회사로 이곳에 지점을 갖고 있다.

또 다른 거대한 업체 중 하나는 〈미국광업회사〉이다. 이 광업회사는 한국의 북부지역에 있고 그 회사의 재무부장인 네쉴러가 본점을 맡고 있다. 한국 북부의 광산 채굴권을 지닌 서부개척회사도 이곳에 사무실을 두고 있다. 거대한 사업체인 〈미국광업회사〉 〈독일광업회사〉 〈영국광업회사〉 〈홍콩상해은행〉 그리고 〈경인철도회사〉 등 모든 회사가 한국의 사업부문에서 제물포를 정상에 올려놓았다. 그리고 한국정부는 유리공장, 성냥공장, 종이생산업체와 같은 제조업 계획에 착수하였다.

3개의 선교회가 제물포에 있는데 '로마 가톨릭 선교회'는 제물포 항구와 그 주변 지역에 교회 건물과 항구의 여성과 여아들을 위해 일하는 수녀들을 위한 주거지를 갖추었다. '영국 선교회'는 병원과 외국인과 일본인들을 위한 예배를 할 수 있는 교회를 갖추고 있었다. 감리교 감독선교회는 항구의 끝 쪽에 본부를 두고 있다.

한국의 부는 거의 수도에 집중되어 있었지만, 실제 한국으로 수입되는 모든 호화물품은 제물포를 통과하였다. 제물포의 모습에 주목해서, 이미 일본제1은행을 언급한 적이 있고 이곳에 감리서가 있다. 그리고 근처에 교도소가 있다. 이 교도소에는 수감

된 범죄자가 거의 없었기 때문에 우리는 이곳에 짐마차와 지게를 넣어 두었다.

건물 외관이 상당히 멋진 제물포 구락부(클럽하우스), 구획정리가 잘되어진 공공 채소원, 영국영사관 등 수 많은 멋진 주택이 있다. 그리고 3개의 영사관, 12개의 극장, 7개의 은행, 다수의 목욕탕, 몇 개의 절들이 있었고 엄밀히 말해서 술집은 없었다. 여행객들에게는 상당히 편안한 숙소의 여러 호텔이 있었다.

제물포는 더운 여름 몇 달 동안, 기후가 아주 서늘하고 상쾌하여 여름을 보내기 위한 장소로 인기 있는 항구였다. 이곳의 개척자 중 한 사람인 미국인 목사 알렌은 우각현에 집을 가지고 있는데, 이곳은 눈에 띄는 건물 중 하나다.'

인천광역시 역사자료관 역사문화연구실 편저, 『인천역사문화총서34 (외국인의 기록으로 보는 인천 근대)』, 인천광역시, 2007

1883년 개항한 제물포는 조선의 관문으로 서울로 가는 인후咽喉와도 같았기 때문에 일본의 압박에도 개항하려 하지

1. 러시아영사관이 지어지기 전인 듯-저자 주

않았고 조선말 역사의 중심에 있던 인물과도 인연이 많은 곳이다.

개항전인 1866년 조선 말기 흥선 대원군 주도하에 일어난 병인박해 당시 제물포는 인천 최대의 천주교 순교터였다. 조선은 프랑스와 병인양요, 미국과 신미양요를 치른 후 외인들과 내통한 천주교 신자들을 처형하여 주민들에게 경각심을 주려 했고 서울 한강변의 양화진두(절두산)에서 천주교인들을 공개 처형하였다. 하지만 병인박해 당시 강화도에서 순교한 신자보다 제물진두에서 순교한 신자가 더 많았다고 한다. 이곳에는 2014년 국내 첫 영세자 이승훈의 후손 등 순교자 10인을 기리는 작은 경당(소성당)이 지어졌다.

한국인 첫 성직자인 김대건 부제가 입국해 1년 여간 조선교회의 사정을 둘러보고 1845년 사제서품을 받기 위해 제물포 포구에서 작은 목선을 타고 중국 상해로 떠났다. 인천중부경찰서 뒤편에는 1888년 샬뜨르 성 바오로회의 수녀가 처음으로 도착한 장소로 2008년에 기념비가 세워졌다. 수녀들은 지금의 '본토' 자리에 있던 중국인 여관에서 하루를 묵고 서울로 향했다. 개신교의 아펜젤러와 언더우드가 처음 도착한 곳도 이곳 제물포다. 언더우드는 제물포에 도착한 즉시 서울로 향했는데 아펜젤러는 대불호텔에 묵었다. 1986년 아펜젤러가 도착한 바닷가 근처(현 올림포스 호텔 인근)에 기독교 100주년 기념탑을 세우고, 2008년 중구에서는 기념탑 부근을 쉼터로 조성하였다.

1882년 6월 9일 일어난 임오군란 당시 군인들이 일본공사관을 공격하자 하나부사 일본공사가 공사관 직원들과 탈출하여 지금의 남구 문학동에 있었던 인천도호부 관아로 피해왔다. 당시 인천부사였던 정지용은 서울에서 발생한 임오군란 소식을 듣지 못했고 이들 일행을 환대하여 맞아들였다. 그러나 곧이어 무위영 군졸들이 대원군의 밀지를 전달하여 이들을 포위했으나 관아 탈출에 성공한 하나부사 일행은 제물포를 거쳐 월미도로 도망간 다음 인천 앞바다에 정박해 있던 영국 선박 플라잉피시호의 도움을 받아 일본으로 갔다.

홍선대원군이 임오군란 이후 청나라로 납치되었다가 3년 만에 돌아온 곳도 제물포다. 1884년 갑신정변에 실패한 김옥균도 인천 일본 제1은행장의 도움으로 인천에 숨어 있다가 제물포를 거쳐 가던 영국 배를 타고 일본 나가사키로 갔다가 다시 중국 상해로 피신했다. 중국 상해에서 홍종우에게 암살당한 김옥균의 시신이 돌아온 곳도 이곳 제물포였다.

러일전쟁 당시 제물포는 중립 지역이었기 때문에 제물포 앞바다에서는 전쟁을 할 수 없었다. 그러나 일본은 영일동맹을(1902) 맺은 영국과 미국의 묵인 하에 러일전쟁(제물포해전)을 일으킨다. 1904년 2월 9일 러일전쟁 당시 러시아 바랴크함과 카레이츠함의 승조원들은 일본 해군 함정과 치열한 전투를 벌였으나 패색이 짙어지자 항복을 거부한 채 군함을 자폭하였고 인천 앞바다에 수장됐다. 한국 해군은 매년 2월 9일 러일전쟁 당시 인천 앞바다에서 희생된 러시아 장병들의 넋을 기리는 추모제를 지원하는데 러시아 정부 인사들도 참석한 가운데 인천 앞바다에서 열린다. 2010년 한국과 러시아의 우호교류 합의서 채택으로 상트페테르부르크 시와의 자매결연을 기념하여 2013년 11월 13일 러시아 푸틴대통령이 방문하여 헌화를 했다. 2014년에는 인천 중구청이 연안부두 친수공간에 러시아 순양함(바랴그호)의 추모비를 건립했다.

러일전쟁 당시 일본은 영국과 동맹국이었고 미국의 대통령인 시어도어 루즈벨트는 일본에 전쟁비용을 지원하기 위해 미국의 사업가들을 끌어들였는데, 그 사실이 미국의 역사학자(캐롤 쇼 지음, 『The Foreign Destruction of Korean Independence:외세에 의한 조선 독립의 파괴』, 서울대학교

출판부, 2010)에 의해 밝혀진다. 미국이 당시 일본에 지원한 전쟁비용은 7억 엔(현재 14조원 상당)에 이르는데, 카네기강철회사를 설립한 앤드류 카네기가 3,000만 달러, 금융인 J.P. 모건 등 미국의 6개 재벌이 일본에 차관을 지원했다는 기록이 남아 있다.

러일전쟁 당시 종군 기자단에는 캐나다인으로 영국 런던 데일리메일 지에서 파견한 메킨지와 톰 소여의 모험으로 유명한 미국의 소설가 마크 트웨인 그리고 프랑스 르몽드 지의 르포 기자로 활동한 가스통 르루가 있다. 가스통 르루는 〈오페라의 유령〉을 쓴 작가로 러일전쟁 이후 귀국하는 러시아 수병들과 5일간 함께 지내면서 인터뷰를 했다. 그 내용이 『(LES HEROS DE CHEMULPO):러일전쟁,제물포의 영웅들』(가스통 루르 지음, 이주영 옮김, 작가들, 2006)이라는 제목으로 1904년 프랑스 파리에서 출간되었고 102년만인 2006년 한글로 출간되었다.

기독교 100주년 기념탑 부근에는 수준원점 탑이 있었다. 우리나라 국토 높이는 대한민국 수준원점을 기준으로 측량한다. 1913년부터 1916년까지 약 3년간 인천 앞바다의 밀물과 썰물 차이를 측정하여 해수면의 평균을 정하고 평균 해수면과의 차이를 측량한 뒤 육지에 설치하여 기준으로 삼았다. 1963년 인천시는 도로정비를 하면서 이 탑을 중구에서 남구 용현동 인하전문대학 캠퍼스 내로 이전하였다.

이처럼 제물포는 역사의 순간순간마다 중요한 위치에 있었다. 제국주의자들의 군함들로 가득 차 있던 인천 앞 바다를 통해 서구 문물이 제물포를 통해 들어왔고 서울로 흘러들어갔다. 제물포는 일본의 거점지였고 6.25전쟁 때는 인민군의 거점지였으며 근현대사의 출발지이자 핵심적인 장소이다.

감리서監理署

중구 내동 83 (개항로 45번길 21-27)

1883년 1월 1일 제물포가 개항되자 조선정부는 개항장에서의 통상사무와 외국인의 입출국과 개항장 내의 내·외국인 등을 관리 감독하기 위해 지금의 신포스카이타워 자리에 감리서를 설치한다. 초대 감리로 조병직이 파견되었고 1883년 9월 정식 개청됐다. 감리서 수장은 인천부사와 행정, 사법, 화도진 별장(사령관)과 도포사(경찰서장)를 겸하게 되며 각국 영사관의 섭외, 통상사무, 개항장 내 상품 수출입 세액을 결정하는 관세업무와 조선상인 보호와 조계지내 상업, 치안 질서 유지 등 개항장 내 모든 사무를 전담했다. 그러나 1910년 한일합병 이후 그 기능을 완전히 상실하여 1910년 8월 조선총독부재판소가 되었고 각국 영사재판관은 폐지되었다. 감리서 건물은 초기에는 한옥 양식이었으나 1935년 5월 신청사로 준공했고 해방 이후인 1972년 석바위로 이전했다가 2012년 6월에 지금의 학익동으로 이전하였다. 1972년 경성지방법원 인천 지청이 석바위로 이전한 뒤에는 대한준설공사가 사용하기도 했다.

1896년 치하포 사건으로 영사재판을 받기 위해 백범 김구 선생이 인천감리서에 투옥되어 재판을 받았다. 김구 선생의 부모님은 아들의 옥바라지와 구명을 위해 인천 내리로 이전하였는데 어머니 곽낙원 여사는 남의집살이를 하며 아들의 옥바라지를 했고 강화도 출신의 김주경 선생 역시 구명을 위해 헌신적으로 나섰다고 한다. 1898년 3월 9일 김구 선생은 인천감리서를 탈옥하였고 1911년 105인 사건(신민회 사건)으로 인해 서대문 감옥에 수감되었다가 1914년 다시 인천감옥으로 이감된다. 1914년 당시 인천감옥에 수감 중인 죄수들이 인천항 갑문공사에 동원됐는데 김구 선생은 공사 당시 너무 힘들어서 죽고 싶었다는 심정을 『백범일지』에 기록하였다.

1895년에 6월 감리서 구내에 있던 경찰서 사무실을 빌려 외국어학교가 개교했는데 이 학교가 일어학교, 인천공립상업학교로 오늘의 인천고등학교 전신이다.

2012년 인천개항장근대건축전시관에서 일을 도와주시던 분이 어릴 적 인천감리서 인근에 살았는데 1960년대 말부터 1970년 초까지 재판을 받으러 가는 죄수들이 고깔모자 같은 것을 쓰고 끌려가는 것도 보고 동네 아이들과 재판장에 들어가 재판하는 광경도 구경삼아 보곤 했다고 한다.

이야기 더하기

오래전 한글학교 수녀님과 자유공원을 산책하던 길이었다. 언덕길 옆 어느 적산가옥에 "영어신문으로 영어 공부하실 분들은 오세요"라는 손 글씨 팻말이 붙어 있었다. 그 대문 앞에서 옛 기억이 떠올라 "20대 초에 이 집에서 염색을 배웠는데…"라고 수녀님께 말씀드렸는데, 대문 안에서 그걸 들으셨는지 작은 체구에 깔끔한 인상의 70대 할아버지가 나오시면서 "맞아요, 우리 딸이 미대 다녔는데 염색도 했어요"라고 말씀하셨다.

할아버지께서는 할머니 수녀님(연배가 비슷해 보였다)을 보시더니 정중하게 인사를 나누셨고 두 분의 고향이 이북이라는 걸 아시고는 마치 어릴 적 친구를 만난 듯 이야기를 이어가셨다. 이야기 중 6.25전쟁이 나던 새벽에 할아버지께서 옆집 문을 두드리는 소리에 깨셨는데 나지막하나 다급한 목소리로 "재판장님! 이북에서 내려왔습니다. 쳐들어왔어요. 어서 피하셔야합니다"라는 말을 들으셨고 정신이 번쩍 났다고 하셨다. 이어서 가난한 학교 선생님이 이 큰 적산가옥을 구입하기까지의 이야기를 펼치는데 끝이 없었다. 할아버지의 가족들은 이 집이 너무 크고 추워서 싫다고 아파트로 이사를 갔는데 본인은 이 집에 추억과 애착이 남아 일주일에 한 번씩 전철을 타고 인천역에서 내려서 자유공원 너머로 걸어오셔서 잠시 있다 가신다고 이야기를 하셨다. 집안은 춥고 오래된 가구와 먼지로 가득했으나 할아버지와 할머니 수녀님의 이야기는 끝이 없을 것처럼 이어졌다.

해관海關

오늘날의 세관

중구 항동 1가 1-2 (1,2차 소실), 중구 사동 (3,4,5차 소실)
(현재 중구 항동 7가 1-18 인천세관)

1883년 6월 16일 설립된 인천 해관은 한국 최초의 해관으로 대한제국의 외교고문으로 잘 알려진 묄렌도르프가 청나라 독일영사관에서 근무하다가 청나라 세관의 관리로 이직하여 근무하던 중 청나라 이홍장의 주선으로 조선에 와서 세관을 창설하였다.

세관의 최초 위치는 기독교백주년기념탑 부근이었으나 그 뒤 여섯 번 이전을 하였다. 1926년 현재 인천중동우체국 건너편에 상당히 큰 규모의 서양식 건물을 지었으나 6.25전쟁 때 소실되었고 1958년 인천중동우체국 뒤 길 건너편에 370평 규모의 철근콘크리트로 된 2층 건물을 지었다. 이 건물은 이후 증축을 거쳐 3층에, 총 건평이 538평에 달하였다. 하지만 10여 년 전 소리 없이 그 건물을 철거하여 공터로 남겨 두었고 세관은 현재 연안부두 쪽으로 건물을 새로 지어 이전하였다.

지금의 세관장에 해당하는 초대 총세무사는 영국인 스트리플링이었으며 총세무사의 임명권은 갑오개혁 때까지 청국이 장악하고 있었다. 을사늑약 이후 1906년 1월 일본인 메가타 타네타로가 총세무사를 겸임했고 이때 중국식 명칭인 해관이 일본식 명칭인 세관으로 개칭되었다. 타네타로는 당시 급여를 한국관리보다 20배 이상 받으며 엄청난 대우를 받았고 이는 외국인 세관원들도 마찬가지였다. 당시의 화폐가치로 1푼은 현재 500원 정도였는데 1푼이 1,000개가 있어야 1달러가 되었다고 한다. 당시 세관에 근무하던 러시아 세관원과 사바찐은 급여를 70불 받았고 신원을 알 수 없는 한 세관원은 270불 정도를 급여로 받았다고 한다. 광복 이전에는 한국 사람이 세관장이 된 적도 없고 될 수도 없었다고 한다.

묄렌도르프는 답동성당의 종을 만들 때는 봉헌금을 내기도 했다고 한다. 그는 명성황후 시해사건 이후 고종의 안전을 위해 침소에서 불침번을 섰다고 하는데 당시 인천세관에 있던 외국인들이 서울까지 말을 타고 다니면서 교대로 고종황제의 침소를 지켰다고 한다.

그러나 묄렌도르프가 조선에 러시아 세력을 끌어들이자 그를 조선에 불러들인 이홍장에 의해 해임되었다.

올림포스호텔

중구 항동 1가 3-2

개항 이전까지 봉수대와 포대가 있었던 올림포스 호텔 자리에는 1884년 영국영사관이 설치되었고 1897년 같은 자리에 영국영사관 건물이 신축되었다. 그러나 그 건물은 6.25전쟁 때 소실되어 현재의 올림포스 호텔 건물이 지어졌는데, 2007년 영국에서 영국영사관 설계도가 발견되어 복원 움직임도 있었다.

영국영사관 건축당시 장식장 2점을 영국으로부터 들여왔는데 하나는 흥선대원군에게 진상 되었다고 하나 혼란한 시기에 어떻게 되었는지 행방을 모르고, 다른 하나는 영국 영사관에서 사용하다가 오래 전에 경매로 나온 것을 근대박물관의 故최웅규 관장님께서 구입하셨다. 몇 년 전 영국대사가 이 장식장이 영국의 유명 가구회사인 메이플사의 진품임을 확인하고 "얼마면 되겠느냐?" 며 구입을 원했으나 거절하셨고 현재 근대박물관에 전시되어 있다.

공식적으로는 1882년 조미수호통상조약이 화도진에서 체결된 것으로 알려졌으나 2006년 한 연구단체가 당시 올림포스 호텔자리에서 조약이 체결되었다는 연구를 발표했고 그 뒤 호텔 한쪽에 표지석이 세워졌다. 그러나 2013년 조미수호통상조약이 맺어진 곳이 청일조계지 계단 위쪽에 위치한 리움웨딩홀 자리였다는 연구도 발표되었다.

1980년대 올림포스 호텔에는 '사랑과 평화' 라는 밴드가 출연하는 유명한 나이트클럽 다빈치가 있었고 카지노와 주차장이 있는 쪽에는 작은 수영장이, 지하에는 미용실이 있었다. 수영장 자리는 현재 주차장이 되었다. 주차장을 만들기 위해 수영장을 없앴는 줄 알았는데 30년의 세월이 흐른 후 예절원 원장님으로부터 그 이유를 들을 수 있었다. 원장님의 대학 시절 친구가 수영을 하다가 그 수영장에서 사망했다고 하는데 수영장이 없어진 정확한 이유는 확인이 어려웠다.

영국 영사관

중구 항동 1가 3-2

1884년 3월 인천 중구 항동 1가 3번지에 최초로 지은 영국 영사관은 일본 나가사키의 오크나무로 지어진 술집을 허무는 과정에서 나온 오크나무를 구입하여 그 목재로 지은 건물이다. 당시에는 협소한 규모였으나 1897년 건평 156평의 벽돌 단층 청사로 건축하였다. 영국영사관 자리에는 개항당시 봉수대가 있었다고 하며 호텔 건물 뒤 서쪽 절벽은 병인박해 당시 천주교 신자들이 순교한 장소로 추측된다.

초창기 영사는 W.R. 칼스였으나 1915년 제1차 세계대전 중 일시 폐쇄된 다음 1925년 7월 20일 인천주재 영국 상인 월터가 영국 외무성으로부터 명예 영사직에 임명되었다. 해방 이후인 1946년 8월 15일 인천시립박물관장이던 이경성의 노력으로 영국 영사관 건물을 인천시립박물관으로 활용하려 했으나 불리한 입지조건으로 인해 시민들의 발길이 뜸했고 운영경비 부족으로 휴관하게 되었다. 그 뒤 인천시립예술관, 인천무선전화국청사로 활용되다가 6.25전쟁으로 인해 소실되었는데 현재 그 자리에는 올림포스 호텔이 있다.

영국영사관과 관련된 이야기로는 오페라 '나비부인' 과 관련된 일화가 전해진다.

'1904년 이탈리아의 작곡가 푸치니가 작곡한 오페라'나비부인'의 실제 모델은 일본 여성 야마무라 츠루로 알려져 있다. 그녀는 선박과 무기를 판매하는 〈일본글로버 상회(일영무역회사)〉 주인인 토마스 글로버라는 영국인과 결혼해 하나 글로버라는 딸을 두었는데, 야마무라 츠루는 나비 모양 수를 놓은 기모노를 즐겨 입어서 '나비부인'이라는 애칭으로 불렸다고 한다.

그들의 딸인 하나 글로버는 인천광창양행의 주인 월터 베네트와 결혼을 하고 인천 영국영사관에서 살았고, 인천에서 여생을 보낸 그녀는 청학동 외국인 묘지에 묻혀있다. 하나 글로버의 남편은 영국으로 딸과 아들은 미국으로 이주했다고 하는데 일본 나가사키에는 하나 글로버의 아버지인 토머스 글로버가 부인인 야마무라 츠루를 위해 조성한 글로버원이라는 정원이 있다.

손장원, 「인천의 근대건축산책」, 화도진도서관 인천학 강좌, 2009.7

러시아 영사관

중구 선린동 56-1 (월미로 11)

어느 날 박물관에 오신 관람객 한 분이 "러시아의 태평양 진출을 막기 위한 영국이 일본에게 대리전쟁을 시키지 않았더라면 우리나라를 중심으로 하는 세계사의 모습이 전혀 달라졌을 것이다" 라고 말씀하신 적이 있었다.

지금은 철거되고 흔적조차 남아있지 않는 러시아영사관 자리는 인천역에서 월미도로 진입하는 길목 철길을 넘어가기 전 왼쪽에 자리하고 있었다. 특별한 장식이 없는 러시아 영사관 건물은 1903년 러시아의 건축가 사바찐이 설계한 것으로 당시에는 제물포 러시아영사관으로 불렸다. 1902년 서울에 있던 러시아영사관이 급하게 이전 하여 성공회누가병원 자리에서 임시로 업무를 보다가 현재 월미도로 진입하는 길목에 1903년 완공한 것으로 알려져 있다. 시베리아 철도에서 하얼빈, 대련에 이르는 만주철도를 주관하는 동청철도회사가 한국으로 사람과 물자를 수송하기 위해 인천에 기설항로를 개설하면서 거류민도 없는 인천에 영사관을 두게 된 것이었다. 그러나 러일전쟁 이후 전쟁에 패한 러시아의 영사관 건물은 일본의 전리품이 되었고 총독정치 이후 체신국인천해사출장소가 사용했다.

해방 이후에는 해군인천경비사령부가 오랫동안 사용했는

데 1974년 아파트를 짓는다는 이유로 건물을 철거했다. 얼마 후 공사는 시작됐지만 건설회사가 부도가 났다는 소문과 이런저런 말이 돈 이후 오래도록 짓다만 건물만 흉물스럽게 서 있다가 언제 철거했는지도 모르게 공터가 되었다.

해안성당

중구 차이나타운로 59번길 4 (선린동 24)

해안성당은 답동성당에 다니던 중국인 신자들이 1960년 7월 17일 건립한 성당이었으나 현재는 한국인 성당으로 자리를 잡았다. 해안성당 근방은 한국 최대의 박해이자 천주교의 박멸이라고 하는 병인박해 때 많은 신자들이 순교한 장소인데 주로 올림포스 호텔 뒤쪽으로 추측된다. 병인박해 당시 이승훈 베드로의 후손과 박순집 베드로의 외가 집안이 이곳에서 처형됐다고 하는데 순교자들은 도끼로 처형당하거나 효수되었다.

몇 년 전부터 천주교 인천교구에서는 성당 근방을 제물진두 순교성지로 조성 중이며 2014년 5월 15일 약 10개 월 간의 공사 끝에 약 12평 정도의 순교기념성당이 완공되었다.

1888년 6월 프랑스 마르세이유 항을 떠난 배가 사이공을 거쳐 7월 22일 오전 5시 제물포항에 도착했고 중국인 수녀 2명과 프랑스인 자가리아 수녀가 입항한다. 수녀들은 서울에서 마중 나온 교우들과 중국인이 운영하는 스튜어트 호텔에서 묵은 뒤 다음날 가마와 장독교(帳獨轎, 양 옆에 창이 있어 발을 드리우고 타던 가마의 일종)를 타고 서울로 향하게 된다. 이 날이 바로 한국 샬뜨르 수녀회의 시작인 것이다. 수녀들은 더운 날 가마 안에서 덜컹거리며 시달리다가 오리골(현

오류)에서 내려 점심을 먹고 이어 삼개(현 마포)에 이르러 조선 교우들의 마중을 받게 되었다. 그러나 서로 언어가 통하지 않았으니 교우들은 수녀들의 옷과 묵주를 만져보기도 하고 십자성호를 거듭하기도 했다고 전해신나.

경인철도

위) 중구 북성동 1가 3-1 / 인천역

아래) 동구 참외전로 245 / 도원역 인근

'월미도역'은 개항 이후 해안을 매립해 북성포구 인근에 만들어졌다. 월미도역 옆은 모두 바다였고 고깃배가 들어오면 바다 주변에 위치해 있던 수협공판장에서 생선 판매가 활발히게 이루이졌다. 이 수협공판장은 해안가 매립이 완료되고 연안부두 도크가 만들어진 이후 그쪽으로 이전하였다.

현재의 인천역 역사는 1960년 6월 철근콘크리트로 지은 건물로 최초의 역사는 6.25전쟁으로 인해 소실됐다. 일제에 의해 축현역(현 동인천역)이 상인천역으로 바뀌면서 한동안 인천역이 하인천역으로 불렸으나 원래 인천역이다. 1910년 이후 화수동의 부둣가로 가는 북해안선이 개통되어 석탄을 실어 날랐고 인천제철 등 만석동과 화수동쪽의 공장지대에 석탄연료 공급을 하다가 2006년에 폐지되었다.

> "모두가 가난했던 그 시절 석탄은 아주 좋은 땔감이었다. 사람들은 기차가 지나가는 길목마다 기다렸다가 떨어지는 석탄을 긁어모았다. 기차가 잠시 멈출 때에는 기차에 뛰어 올라가 석탄을 길바닥으로 던지고는 내려와 떨어진 석탄가루와 석탄 덩어리를 모아 가지고 갔다고 한다."

「굿모닝 인천」 유동현 편집장의 화도진 도서관 인문학강의 내용 중

철도의 중요성과 필요성에 대해서 알게 된 초대 주미공사였던 친일파 이하영이 미국에서 돌아오면서 기차모형을 가지고 왔다. 이하영은 고종에게 철도의 필요성과 편리함에 대해 설명하였다. 마침내 경인선 공사가 시작되었으나 미국인 사업가 모스가 미국에서 자금을 끌어오는 데 실패했고, 조선의 경인철도부설권을 간절히 원하던 일본에 많은 돈을 요구하면서 줄다리기를 하다가 결국 철도부설권을 일본에 넘기게 된다.

일본은 경인선 철도공사를 하면서 외국인 소유의 땅은 값을 제대로 쳐 주었으나 조선인들의 땅은 헐값에 매입하거나 강제로 빼앗기도 하였다. 한 사례로 미국인 선교사 언더우드는 512평의 보상금으로 9,000원을 받았다고 하며 언더우드가 평당 18원을 받을 때 조선인은 평당 2원을 보상 받았고 게다가 수수료로 20%를 떼어갔다. 그냥 강탈해간 것이다.

뿐만 아니라 일본은 공사에 조선인들을 강제 동원하면서도 제대로 대우해 주지 않았고 심지어 일본인 감독관이 인부를 총살하는 사태까지도 벌어졌다. 철도공사에 동원된 조선인들은 우리 땅에서 뿐만이 아니라 일본으로 강제징용 되어 일본 내에 거미줄처럼 연결된 철도공사에까지 동원되었다.

평생을 조선인 강제징용에 대한 진실을 밝히는 데 몰두한 배동록 할아버지는 "철도 침목 하나가 조선인 한 명"이라는 말로 당시를 설명한다. 배동록 할아버지는 1942년 일본 야하타 제철소에서 태어난 강제징용 피해자의 2세이다. 할아버지의 아버지와 어머니는 일본 야하타 제철소에서 강제 노동에 시달렸다고 한다. 배동록 할아버지는 현재 한국과 일본을 오가며 강제징용 피해와 원자폭탄 피해자, 재일동포의 차별과 고통을 알리는 활동을 하고 있다.

사실 일본은 수탈을 위한 수단으로 우리나라 전국 각지에 철도를 설치한 것이었다. 제3부두선은 동남쪽으로 부두 안쪽까지 이어져있었는데, 배를 통해 들어온 물자를 하역과 동시에 철도를 이용하여 실어 나를 수 있게 한 것이다. 그러나 몇 년 전 답사를 통해 확인한 바로는 부두 안에서부터 운행되던 노선은 모두 사라진 상태였다.

이하영은 조선 선조 때 의정부 영의정을 지낸 오성 이항복의 10대손이었으나 가세가 몰락하여 찹쌀떡 장사를 할 정도로 어렵게 성장했다고 한다. 알렌으로부터 영어를 배운 이하영은 영어 교육에 관심이 많았던 고종의 통역을 맡으며 총애를 받았고 조선 말기 통역 외에도 정치인, 외교관으로 활동했다. 일제강점기에는 기업인으로서 조선인 최초로 국내에서 고무신을 제조, 생산 했고 1910년 한일합병 때는 조선 귀족 작위를 받았다. 인천 중구 율목동의 과수원을 일본인들의 화장장과 묘지로 만들려고 하자 인천부 관사 건너편(말일성도 교회자리) 답동 성당 뒤쪽의 땅과 바꾸고 그곳에 별장을 지었다.

친일파 이하영의 13촌 숙부는 독립운동가 우당 이회영이다. 우당은 1910년 논밭을 팔아 마련한 40여 만 원을(오늘날 600억 원) 갖고 일가족 6형제, 50여 명을 데리고 만주로 건너가 독립운동기지 건설에 주력하였다. 우당은 을사조약이 체결된 후 을사조약 파기 운동을 전개하면서 을사오적 암살을 계획하였으나 실패했다.

우당의 동생인 이시영은 형제들과 가재도구를 처분하여 서간도로 출발하였고 그곳에서 독립군기지 건설 등 독립운동을 하다가 광복을 맞아 조국으로 돌아와 초대 부통령이 되었다. 친일반민족행위자 이하영과 독립운동가 이회영, 이시영 형제는 모두 오성 이항복의 10대손이다.

인천광역시 중구청

중구 관동 1가 9-1 (신포로 27번길 80)

1932년 8월 착공하여 1933년 6월 25일에 완공된 인천광역시 중구청 건물은 과거 일본 영사관이 있던 자리로 2006년 4월 등록문화재로 지정되었다. 일본 영사관은 처음에 현재 개항박물관으로 활용되고 있는 일본 제1은행 자리에 있었으나 현재의 인천광역시 중구청 자리로 신축 이전한 것이다.

이 건물은 일본국인천주재영사관 건물로 사용되다가 을사늑약에 따라 1906년 2월 1일 폐지되었고 1906년 2월 27일부로 영사관의 업무는 이사청에 인계되며 이때부터 통치기구가 된다. 1910년 한일합병에 따라 같은 해 10월 1일 조선총독부가 설치되면서 인천부청으로 사용되었다. 광복 이후 인천시청사, 1981년부터 1985년까지 인천직할시청사로 사용되다가 1985년부터 지금까지 중구청사로 사용되고 있다.

"1932년 기존 청사는 일본인 밀집지역에 위치했기 때문에 각종 도시기반 시설이 그곳을 중심으로 건설되었다. 반면 조선인들이 거주하는 지역은 상당히 낙후되어 있었는데, 당시 인천 시민들의 원성으로 이전을 논의하였으나 결국 현재 자리에 일본영사관 건물을 지었다. 당시 인천부청사 신축부지로 거론되었던 곳은 인천 감리서 터로 일제강점기 경성지방병원 인천지원이 들어서 해방 후에도 오랫동안 법원과 검찰청 건물로 사용되었다."

그리고 법원과 검찰청이 석바위(현재 학익동)로 이전한 뒤에는 대한준설공사가 사무실로 사용했으며 현재는 한진스카이아파트가 들어서 있다.

"일본 영사관 건물은 벽돌과 모래 등 주요 건축자재 일부를 일본에서 수입하여 건립하였다. 건물은 모더니즘 양식의 벽돌구조이며 스틸새시 창문을 설치하고 외벽은 신축 당시 일본에서 유행했던 밝은 갈색 스크래치 타일을 사용했고 바닥과 층계를 오르내리는 난간에는 화강암 석재를 사용했다. 건축공사는 인천부 직영으로 실시하였는데 설계는 조선총독부 영선계에서 관여했던 것으로 보인다."

손장원, 동정근 외 지음, 『구 인천부청사 기록화조사보고서』, 문화재청 근대문화재과, 2009

2009년 하반기부터 2010년 상반기까지 중구청 입구와 현관을 리모델링하기 전에는 입구에 수 십 년 된 아름드리 은행나무가 장관을 이뤘다.

당시 우리나라에 세워졌던 일본 영사관(인천, 부산, 목포, 원산)들은 산 중턱에 터를 잡았는데, 영사관의 권위를 강조하려 했던 것으로 생각된다. 이는 당시 인천에 도착했던 외국인들이 "다른 건물들은 보잘 것 없었지만, 일본인천영사관만이 궁궐처럼 보였다"라고 말한 것에서 그 의도를 읽을 수 있다.

2006년 근대건축전시관이 개관하고, 지금은 막혀있지만 당시 입구에 세워져 있던 유리벽을 통해 내다보면 인천중구청 건물은 정면 오른쪽, 동쪽에서 떠오르는 햇살을 받고, 해가 남쪽으로 돌아 서쪽으로 질 때까지 하루 종일 햇빛을 받는 위치에 지어졌다는 것을 알 수 있었다. 또한 뒤로는 자유공원, 앞으로는 인천 앞바다가 보이는 배산임수 지형에 자리 잡고 있어 풍수를 모른다 해도 최적의, 최고의 위치에 지어졌음을 알 수 있다.

"1945년 해방을 맞고 며칠 동안 인천부청사에서는 시커먼 연기가 피어올랐다고 한다. 당시 본국으로 귀환해야 하는 일본인들이 떠나기 직전 자신들의 악행이 기록된 문서들을 태우면서 검은 연기가 하늘을 뒤덮었던 것이다. 일본군위안부를 비롯해 각종 징용과 징병 등 자신들이 식민지로 삼았던 곳에서의 악행들을 숨기려고 모든 관련 서류를 불태웠던 것이다. 이곳에는 6.25전쟁 당시 황해도 쪽에서 내려온 피난민들을 수용했는데 북한군에 반대하는 인물들을 지하에 가두고 공개처형 했다고 한다."

조우성 전 인천시립박물관장, 조우성의 인천이야기, 조선일보 연재기사

2006년 근대건축전시관에 오셨던 관람객 할아버지께서 6.25전쟁 당시 국군의 기습공격으로 인해 국군과 인민군이 중구청 앞에서 총격전을 벌였고, 그로 인해 중구청 앞길에 인민군들의 시체가 널려있었다고 하셨다.

두 번째 이야기

자유공원 · 존스턴별장 · 맥아더동상 · 인천역사자료관 · 제물포구락부와 사바찐 · 홍예문 · 공화당 · 전환국 · 웃터골 운동장 · 제물포 고등학교

자유공원

중구 송학동 1가 11-1

인천항이 내려 보이는 응봉산에 조성한 최초의 서구식 공원으로 1888년에 러시아의 측량기사인 사바찐의 설계로 각국조계지 안에 조성되었다. 정오에는 대포를 울려서 시간을 알려 오포산이라고 불리기도 했다. 서울의 파고다공원이 1897년에 조성되었는데 이보다 9년이나 앞서 조성되었다.

처음에는 각국공원(만국공원), 서공원(신궁이 있던 인천여상 자리가 동공원)에서 다시 만국공원으로 불렸다. 서공원으로 불릴 당시에는 러일전쟁 때 인천 앞바다에서 러시아 전함을 침몰시킨 일본의 치요다 호의 돛대와 일본 해군기를 전시하면서 승리를 기념하는 기념비를 높이 세웠다. 그리고 메이지 천황의 옷을 보관하는 '어의 봉안소' 를 조성하여 사실상 천황을 숭배하고 군국주의를 미화하는 '일본공원' 이었다. 일본은 러일전쟁이 발발한 2월 8일을 '인천의 날' 로 지칭하며 1945년 패망하는 날까지 일본의 승리를 기념하는 휴일로 지정했다.

이후 6.25전쟁이 끝나고 1957년 개천절 자유공원에, 인천상륙작전 당시 연합군 사령관이었던 맥아더장군의 동상을 세우면서 자유공원으로 이름이 바뀐 것이다. 자유공원은 개항 이전 1866년 3월의 병인박해와 같은 해 병인양요, 1871년 신미양요 그리고 제물포조약으로 1883년 제물포가 개항하고 각국인들의 집결지로 제국주의의 각축장이 되었다. 1904년 러일전쟁, 1950년 인천상륙작전 등 그 무수한 역사적 사건을 내려다보며 많은 역사적 사건과 함께한 공원이다.

"1907년 화재 감시를 위해 자유공원에 설치한 소방용 망루와 사이렌 탑은 전시체제로 돌입한 1940년 부터는 매주 월요일 오전 7시 사이렌 소리에 맞춰 궁성요배하고 정오에는 묵도와 신사참배를 해야만 했다. 사이렌은 식민지 조선인들의 일상 통제를 위해 사용된 억압과 구속의 상징이라고 할 수 있다."

박물관에서 만나는 근대도시 인천, 인천일보, 2018.1.18

자유공원은 민족운동의 현장이기도 했다.

"1919년 4월 2일 한성임시정부 13도 대표자 회의가 만국공원에서 있었다. 이 자리에서 한성임시정부 수립을 제의한 각계의 대표들이 임시정부를 수립, 선포할 것을 결정하였다. 한성임시정부는 서울에서 수립됐으나 국민적 절차에 의해 대한민국임시정부에 계승됐다는 점에서 그 의의가 크다고 한다."

이야기 역사 203, 동북아역사재단, 2015.4.17

해관사료수집 연구가인 김성수 씨의 연구를 통해 청일조계지계단 위쪽 리움웨딩홀 자리가 조미수호통상조약(1882) 체결지임이 발표됐는데 이에 따르면 이곳은 세무사공관(인천해관장 관사)으로 쓰던 터라고 한다. 조미수호통상조약이 체결된 장소는 처음에는 화도진으로 알려져 있었으나 2006년 올림포스 호텔 부지라는 연구가 발표되었고 올림포스 호텔 건물 앞에 조미수호통상조약 체결지 표지석이 세워졌다. 그러다가 2013년 경인일보를 기사를 통해 청일조계지계단 위쪽 현 리움웨딩홀이 있는 곳이라는 연구 발표가 났다. 이곳은 인천해관장관사로 알렌이 1901년 4월 발표한 '조미통상수호조약' 체결 장소가 인천해관세무사 관사터라고 기록했다고 한다.

그 후 리움웨딩홀 자리에는 1956년부터 1967년까지 극동방송국이 있었다. 극동방송국에서의 최초의 송출은 1956년 학익동에서 한 방송이며 송신소와 스튜디오를 분리하기 위해 과거 인천세관장사택 터인 현재의 리움웨딩 홀 자리에 신축한 것이다. 그 후에는 한국회관이라는 예식홀로도 사용되었다. 극동방송은 동양화학 공장 안쪽에 지은 선교사 기숙사 건물에서 1967년까지 방송을 하다가 서울로 이전하였다.

선교사 기숙사 건물은 당시 인천에 주둔하고 있던 미군들의 지원을 받아 지었다고 한다. 기숙사는 여러 동의 건물이 일본식으로 지어졌는데 동양화학 측에서 오랜 기간 동안 잘 보존하면서 임원들 사택으로 사용해 왔다. 2006년 근대건축전시관이 개관하고 나서 서울의 모 신학대학 교수라는 분이 조용히 다가와서 부탁하신 일이 있었다. 말씀인즉 동양화학 내 선교사 기숙사 이야기를 하시면서 그 건물을 인천시에 알려서 문화재로 지정하고 보존하면 좋겠다면서 기숙사 건물이 사라지게 되지나 않을까 많이 걱정을 하였다. 이후 인천 모 연구소 교수님이 내 이야기를 듣고 함께 답사를 갔었고 깨끗하게 잘 보존된 기숙사 건물에 들어가 볼 수 있었다. 그 뒤 남구청에서 문화재로 지정하려고 한다는 이야기를 들었는데, 동양화학 공장 부지에 건설 회사에서 아파트를 지을 예정이라는 이야기도 있어서 그 건물들이 보존 될지는 미지수이다.

리움웨딩홀 바로 건너편 중구커뮤니티센터는 오랫동안 아마추어 무선 기지국으로 사용했었으나 10여 년 전 중구청에서 매입하여 관광안내센터로 활용하고 있으며 개항장투어 안내 해설도 하고 있다. 중구커뮤니티센터에서 자유공원 쪽으로 올라가다 왼쪽으로 돌면 석정루가 나온다. 이곳은 인천 앞바다와 월미도를 한눈에 볼 수 있는 정자로 내가 어릴 때에는 인천에서 가장 높은 곳이라고 생각했었다. 석정루에 올라 인천 앞바다와 월미도로 넘어가는 일몰은 환상적이고 정말 좋다.

아래쪽에 연오정이 있는데 이곳은 1960년 독립운동을 하신 조길 씨 부친의 당부로 지어진 것이며 당시 돈으로 350만환의 거금이 들어갔다고 한다. 그 오른쪽, 지금은 종이 매달려 있는 자리에 뉴욕에 있는 자유의 여신상을 작게 만들어서 세웠었는데 어느 날 철거하고 종을 매달아 놓았다.

연오정 위쪽은 존스턴 별장이 있던 자리로 지금은 한미수교 100주년 기념탑이 있다. 중국 상해에서 부를 쌓은 영국인 존스턴은 해관감독관으로 제물포에 왔다. 별장을 지을 때 건축자재 중 타일은 중국에서 가져오고, 가구는 영국 메이플사, 전기장치와 램프는 독일에서 들여왔고 별장 설계와 디자인은 독일인이 했다고 한다. 별장은 여름별장으로 여름이면 존스턴의 친구들이 기선을 타고 놀러 왔었고, 제물포에 들어오는 배들이 공원에 우뚝 선 존스턴 별장을 보고 제물포에 당도한 것을 알았다고 할 정도로 존스턴 별장은 당시 인천의 랜드마크였다.

자유공원 광장으로 내려와 월미도 쪽을 바라보면 인천 앞바다의 풍광도 좋고, 그곳에서의 일몰도 아주 보기 좋다. 30년 전 부터 광장 한쪽에 여러 채의 비둘기 집이 세워졌었고 공원매점에서는 옥수수를 컵에 담아 팔았다. 아이들은 비둘기들이 옥수수를 먹는 게 재밌으니까 그 옥수수를 비둘기 모이로 다 주고 또 사달라고 조르고 부모님들은 그만하라고 실랑이를 벌이기도 했다. 모이를 너무 많이 먹은 비둘기들은 살이 쪄 날지도 못해 닭둘기 라고 불렸다.

10여 년 전에 비둘기 집을 제물포고 뒷담 산책로로 옮겨 작게 만들었으나 해가 들지도 않고 비둘기들이 들어가 살지도 않는 것 같다. 그 많던 광장의 비둘기들이 집이 없어지자 근처 집이나 건물에 날아 앉아 주민들의 골칫거리가 되었다. 근대건축전시관과 개항박물관에도 날아들어 버드스파이크를 설치하거나 약을 놓아 쫓아내기도 하였으나 별 효과가 없다.

맥아더 동상 오른쪽에는 '인천시민헌장 비' 가 있고 맥아더 동상 뒤 왼쪽 숲에는 1965년 로타리클럽에서 세운 '사랑의 종탑' 이 있는데 통행금지가 해제(1945년 9월 7일 미군정청 개시 1982년 1월 5일 해지)될 때까지 밤 10시가 되면 "청소년 여러분 밤이 늦었습니다……" 라는 말로 시작하는 귀가를 종용하는 방송을 하였다.

존스턴 별장

Johnstone villa

중구 북성동 3-1

제임스 존스턴은 스코틀랜드 출신의 사업가로 중국 상해에서 항만시설 공사를 담당했다고 알려져 있으나 상해조선소 사람이었다는 말도 있다. 인천에서 해관 감독관으로 근무했고 자유공원에 위치했던 그의 여름 별장은 1903년 완공 되었다. 그는 해마다 가족과 친구들을 별장에 데리고 왔는데, 기선 한 척을 전세 내어 많은 이들을 데리고 온 적도 있다고 한다.

별장의 설계는 쿠르트 로트케겔이라는 독일인이 맡았고 건축은 중국인 리칭통이 했다. 1919년까지 존스턴이 소유했고 그가 죽은 후 세창양행 설립을 위해 독일 함부르크에서 온 이들 중 한 명인 칼 발트 등에게 매도되었다가 1936년 인천부청이 매입하여 '서공원 회관' 으로 사용했고, 이듬해 여관겸 요정인 '인천각'으로 사용되었다. 광복 후에는 미군 고위 장교의 기숙사로 사용되었으나 6.25전쟁으로 반파되었다. 칼 발트는 세창양행 사원으로 근무하던 중 상하이의 사업가인 존스턴의 딸과 결혼했으며 1907년 세창양행을 단독으로 인수하여 칼발트 양행으로 개칭한 인물이다.

어느 날 한 할아버지께서 근대건축전시관에 있는 존스턴 별장 모형을 보시면서 당신이 중학교 때 그림 그리기 대회를 자유공원에서 했는데 반파된 존스턴 별장을 그렸다고 말씀하시며 추억에 잠기셨다.

할아버지의 기억 속에 남아있는 반파된 별장도 완전히 헐어버리고 한동안 그 자리에는 놀이기구가 있었다. 그 후 놀이기구들도 수봉공원으로 옮겨가고 현재 그 자리에는 1982년에 세운 한미수교 100주년 기념탑이 자리하고 있다.

맥아더 동상-
세창양행 사택

중구 송학동 1가 1

1883년에 세워진 세창양행 사택은 독일에서 온 3명의 직원을 위해 지은 기숙사로 우리나라 최초의 서양식 주택으로 알려져 있다. 인천부립도서관(1922)으로 사용하였다. 1946년 우리나라 최초의 공립박물관인 인천시립박물관으로 사용됐으나 6.25전쟁 중 소실되었다. 1957년 그 자리에 맥아더 장군 동상이 세워졌고 2000년 이후 동상을 철거해야 한다는 단체와 보존해야 한다는 단체가 맞서 갈등을 빚고, 물리적 충돌이 벌어지곤 하였다.

맥아더 동상 오른쪽에 세워진 부조는 인천상륙작전 당시의 모습이 아니라 제2차 세계대전 당시 필리핀의 레이테 상륙작전의 모습을 만들어 놓은 것이라고 한다. 맥아더 동상 옆 부조는 필리핀 레이테 상륙작전 당시의 사진과 다른사진을 조합해서 만든 부조라고 한다. 따라서 부조는 맥아더 장군이 인천상륙작전에 얼마나 크게 공헌 했는가를 부각시키려 했던 작가의 해석이며 역사적 사실은 아니라고 생각된다.

그 옆에는 미 해군복 차림으로 주머니에 손을 찔러 넣은 채 쓸쓸히 먼 곳을 바라보고 있는 미군 수병 추모비가 있다. 이 동상은 미국 샌프란시스코 금문교 앞의 〈론 세일러The

Lone Sailor〉 와 같은 모습이다. 샌프란시스코에 있는 미군 수병의 동상은 제 2차 세계대전 당시 해군으로 복무하기도 했던 스탠리 블래필드가 미국해군기념재단 공식 조각가로 선정되어 해군에 대한 조사와 다양한 직급의 해군들과의 회의를 거쳐 1987년 제작한 것으로 해군창설기념일에 워싱턴 해군기념광장에 좌대 없이 성인 크기로 세워져 미국인들의 사랑을 받고 있다고 한다.

강사 이재성. 재능대학교 평생교육원 인문학 아카데미 강의 중

〈론 세일러〉는 미 해군의 역사와 함께한 8척의 함선 부품들을 녹여 만든 작품이라 나름의 의미가 담겨있는 것이지만 난데없이 이 먼 이국땅에 똑같은 동상을 왜 만들었는지는 이해할 수 없다. 아주 오래전에는 연오정 앞에 자유의 여신상을 작게 만들어서 한동안 세워두더니 어느 날 슬그머니 치워버리기도 했는데……

인천상륙작전 때 맥아더 장군이 인천 앞바다로 상륙하는 사진과 세계 2차 대전 당시 필리핀 레이테 해안 상륙 당시의 사진을 비교해 보면서 두 장의 사진이 비슷하게 뭔가 '정

리' 된 느낌이 들었다. 사진 속에는 주변의 포연도 없고 꼭 있어야 할 인원만 있는 것이 상륙 당시에 찍은 사진이라기에는 뭔가 석연치 않았다. 이 궁금함을 해결하기 위해 용산전쟁기념관의 연구원과 통화를 했다. 통화 당시 그도 마침 내가 보고 있는 사진을 보고 있다고 하면서 "상륙 당시의 사진은 상륙작전이 끝나고 어느 정도 상황이 정리된 뒤에 찍은 사진 같다…… 어느 정도 연출이 됐을 것 같다" 라는 이야기를 해주었다. 그렇다면 맥아더 장군이 필리핀 레이테 해안 상륙작전 사진도 인천상륙작전 당시의 사진과 비슷한 느낌이었는데 그 사진도 연출되었을 가능성이 있겠다는 생각이 들었다. 그래서 한 쪽에서는 비슷하게 '연출' 된 두 사진을 보고 인천상륙작전 당시의 사진을 필리핀 레이테 상륙작전의 사진이라고 말하는지도 모르겠다. 연구원은 맥아더 장군 자신도 '연출' 하는 걸 좋아하는 편이었다고 덧붙였다.

인천역사자료관

중구 송학동 1가 2-2

인천역사자료관은 1900년경 일본인 사업가 코노다 케노스케의 별장으로 건축된 것으로 추정되며 광복 이후에는 '송학장'이라는 댄스홀로 사용됐다. 1965년 인천시에서 매입하여 한옥으로 개축했으며 1966년부터 2001년까지 인천시장 공관으로 사용하다가 2001년 10월 인천광역시 역사자료관으로 문을 열게 되었다. 일제강점기 인천부윤(시장) 관사는 인천기독병원 뒤 신흥동 긴담 모퉁이 길 안쪽에 있었으며 1966년까지 부윤관사를 시장공관으로 사용하였다. 1966년 이후부터 2001년까지 지금의 인천역사자료관을 시장 공관으로 사용했던 것이다.

이 건물을 지은 코노다 케노스케는 1895년 평양에서 무역, 잡화상을 운영한 인물로 이듬해 동학혁명을 피해 인천으로 내려와 포목, 석유, 밀가루 등을 취급하는 상점을 중앙동에 개설했다. 1903년 부터 1931년 사망할 때까지 〈조일양조주식회사〉, 〈조선신탁주식회사〉, 〈월미도유원지주식회사〉, 〈조선연초주식회사〉의 중역을 지냈다.

제물포구락부와 사아찌

중구 송학동 1가 11-1

제물포구락부는 1901년 러시아의 건축가이자 동청해상기선회사 인천지점장이었던 사바찐이 관동 1가에 목조건물로 설계, 건축한 것이다. 제물포구락부는 당시 인천에 거주하고 있었던 외국인들의 사교클럽으로 사교실, 당구장, 독서실이 갖춰져 있었고 실외에는 테니스장이 있었는데 현재의 남부교육청 쪽이라고 한다. 개관식에서는 알렌의 부인이 은제 열쇠로 문을 열었는데, 그 열쇠는 기념으로 알렌의 부인에게 건네졌다. 제물포구락부는 6.25전쟁이 휴전된 이후 인천시립박물관으로 사용되다가 인천시립박물관이 1990년 송도로 이전하고 한동안 중구문화원으로 사용되었고 현재는 스토리텔링 박물관이 되었다.

1914년 각국조계가 철폐되면서 제물포구락부는 일본재향군인회, 일본부인회관으로 사용되었다. 1945년 광복 후에는 미군사병구락부로 사용되었고 6.25전쟁 중에는 북한군 대대본부로 사용되었다. 지금도 아랫길 사무실 안쪽 벽에는 총탄 자국이 선명하게 남아 있다. 6.25전쟁 당시 특히 인천에 있는 큰 건물은 모두 인민군이 차지했는데, 국군과 연합군이 들어오면서 죽인 인민군의 시체가 인천광역시중구청 앞길에 널려있었고 미처 죽이지 못한 인민군은 배를 타고 바다에 나가

수장시켰다고 한다.

제물포구락부를 설계하고 건축한 사바찐은 인천해관청사, 인천자유공원, 세창양행사택, 인천 부두 등을 설계했다. 그는 제물포 각국조계지도와 자유공원, 홈링거양행 인천지점사옥, 서울 정동 현 이화여고 자리의 손탁호텔과 1901년에 지어진 중명전, 러시아공사관, 프랑스공사관, 독일영사관저 등 각국 외교사절을 위한 건축물을 설계했다. 뿐만 아니라 명동성당 신축공사 당시 자문을 했고 러시아정교회성당과 독립문도 설계했다.

이중 중명전은 고종이 헤이그밀사를 파견한 장소로 1904년 을사늑약이 체결된 비운의 장소이다. 또한 1915년에 외국인에게 임대되어 1960년대까지 경성구락부로 사용되었다. 2007년 중명전에서 헤이그밀사파견 100년을 기념해 전시회를 개최했다. 그때 마주한 중명전의 모습은 원래보다 많이 훼손되어 마치 조선의 마지막 모습을 보는 듯 했다. 실내한쪽에는 고종황제의 사진이 걸려 있었다.

이야기 더하기 1

사바찐은 정규 건축교육을 받지 않은 단순 기술자로 본래 궁정 건축가로 고용했으나 조선정부의 통제가 닿지 않는 총세무사가 관리했던 인물이다. 원리원칙주의자였던 사바찐은 조선 관리들의 비리와 부실공사를 보며 그냥 넘기질 못하고 마찰을 빚었고 조선황실의 재정부족으로 제때 봉급을 받지 못해 쪼들리는 생활을 이어갔다고 한다.

1894년 6월부터 미국인 퇴역장군 W. 메이 다이와 경복궁시위대를 지휘하게 됐다. 고종은 일본군을 견제하는 동시에 그들이 조선인들을 함부로 대하지 못하게 하기 위해 시위대의 대장을 외국인으로 두는 것이 최선이라고 생각했다. 사바찐은 경복궁 시위대 부대장으로 임명된 뒤 1894년 9월부터 일주일에 네 번씩 저녁 7시에 궁으로 출근해 아침에 퇴근했다.

사바찐은 1895년 10월 8일 벌어진 을미사변(명성황후 시해 사건)을 목격한 외국인 두 명 중 한 명으로 역사에 기록되어 있다. 사건을 목격한 직후, 그는 주한 러시아공사 베베르에게 사건에 관한 상세한 정황을 증언했지만 암살과정은 목격하지 못했다는 내용의 보고서를 작성했다. 그 후 사바찐은 을미사변 목격한 이유로 암살 위협을 받고 까레이츠호를 타고 20여 년간 머물렀던 제물포를 떠났다.

1908년 그가 살던 제물포의 집은 경매에 넘어가고 남은 재산은 일본 제18은행을 통해 나가사키 홈링거양행 본사에 근무하던 아들 표도르에게 전달되었다. 제물포구락부와 서울 정동 손탁호텔은 사바찐이 조선에서 설계한 마지막 작품으로 화려한 장식 없이 소박한 모습이 건축적 특징이라고 할 수 있다.

이야기 더하기 2

따찌아나 교수와의 인연

러시아 모스크바 인문대학교 따찌아나 심비르체바 교수는 『조선국왕폐하의 건축가 사바찐』을 연구하였다. 그는 고려대학교에서 『극동으로 간 러시아의 건축가』에 대한 연구를 진행 했는데 근대건축전시관을 방문한 것이 인연이 되어 2시간 넘게 사바찐에 대한 이야기를 주고받았다.

따찌아나 교수는 자신의 논문을 내 메일로 보내주었고 나는 개항장사진이 수록된 도록과 자료를 보내드렸는데 그 덕분에 자신이 학술대회에서 포기한 발표를 다시 하겠다는 전화를 러시아에 했다는 기쁜 소식을 전해 주었다.

사바찐은 20여 년간 조선에서 생활했기 때문에 본국으로 귀국한 이후에도 자리를 잡지 못하고 중국, 일본, 러시아를 전전했다고 한다. 그 후 사바찐은 가족을 나가사키에 두고 홀로 블라디보스톡으로 러시아 남부 아조프해의 로스토프도나우로 떠돌다가 1921년 볼고그라드에서 사망했다.

홍예문

중구 송학동 3가 20

인천개항장근대건축전시관은 2006년 9월 개관한 이래 쭉 전국 각계각층의 관심을 받았고 그만큼 많은 관람객이 방문하는 곳이다. 이 같은 관심은 일본에서도 마찬가지였는데 그들의 조상들이 이 땅에 세운 건축물들이 어떻게 활용되는가에 대해 일본 각 지역 신문사에서 기사를 내면서 일본 관람객들이 신문기사를 오려 들고 찾아왔다.

어느 날 팔순의 일본 할머니와 30대의 손자, 그리고 그의 아들이 근대건축전시관에 찾아왔다. 나는 한국말을 할 줄 아는 손자의 도움으로 할머니께 전시관 설명을 해드렸는데, 홍예문 모형물 앞에 선 할머니는 손으로 입을 가리며 울음을 참으셨다. 그리고 본인께서 여고에 다닐때 항상 홍예문에서 친구를 만나 같이 등하교 길을 오고 갔다는 이야기를 해주셨다. 한동안 홍예문 모형을 바라보며 옛 생각에 잠긴 할머니의 모습을 지켜보다가 마침 사또 요네지로가 존스턴 별장을 판화로 찍은 사진이 떠올라 할머니께 선물로 드렸다. 할머니는 반가움과 놀라움이 교차하는 표정으로 자신이 사또 요네지로랑 친한 사이였다고 하시며 기뻐했다. 떠나실 때 내가 "또 오시라"고 인사를 건네니 쓸쓸히 웃으시면서 "기약은 할 수 없다"는 말을 끝으로 할머니는 전시관을 떠나셨다.

홍예문에 대한 추억을 갖고 있는 다른 한 분의 일본인 할아버지는 전시관에 들어오면서 홍예문부터 찾으시더니 홍예문 모형의 쇼 케이스를 어루만지면서 흐느끼듯 말씀하셨다. 자신의 아버지가 당시 인천의 어느 학교 선생님이었고 본인이 아버지를 만나기 위해 홍예문을 지나 아버지가 근무하던 학교에 갔었다는 것이다. 또 친구들과 늘 만나던 약속 장소가 홍예문이었다고도 하셨다. 우리에게 홍예문은 피와 땀과 한이 서린 '피의 문, 혈문(穴吻: 혈은 구멍 혈 자)' 으로 다가오기도 하지만 누군가에게는 추억의 길, 어린 시절 친구들과 아버지에 대한 그리움이 담긴 장소인 것이다.

1904년 러일전쟁 발발 전 인천 개항장에는 약 6,000여 명의 일본인이 거주하고 있었으나 종전 후인 1906년에는 1만 3,000여 명이 거주하고 있었다. 일본은 자신들의 거주지를 확장하고 만석동과 축현역으로 좀 더 빠르게 가기 위해 응봉산을 뚫었다.

"지금처럼 제대로 된 장비도 없던 시절에 온전히 사람의 힘으로 암벽을 뚫고 화강석과 벽돌로 아치구조를 쌓은 것이다. 암벽을 뚫는 굴착공사는 일본 공병대가 하고 청국인 석수들이 석축을 쌓았다. 그리고 홍예문 공사에 투입된 인부들은 대부분 기술도 없고 돈도 없는 가난한 조선인 노무자들이었다.

중국에서 건너 온 석수장이들은 응봉산의 지반이 약하다는 것과 공사에 투입된 인부들이 위험에 노출되어 있다는 사실을 여러 번 경고했지만 일본인 감독은 들은 척도 하지 않고 공사를 재촉했다. 조선 노무자들은 생계를 유지하기 위해 위험을 무릅쓰고 절벽을 넘나들면서 일했고 그러던 중 돌더미가 무너져 내리면서 50여 명의 조선인이 깔려 죽었다. 홍예문 공사는 1905년에 시작되어 1908년에 완공되었다. 그리고 이때 만든 도로를 통해 일본은 인현동, 전동 등 조선인 지역까지 조계지를 확장한다"
문화원형백과 홍예문, 네이버, 한국콘텐츠진흥원

홍예문은 인성여고 쪽에서 보면 왼쪽으로 살짝 틀어져 있고 그 반대편에 있는 전동소방서 쪽에서 보면 오른쪽으로 살짝 틀어져 있다. 이를 두고 바람의 영향을 생각해서 일부러 이런 형태로 뚫었다는 말도 있고, 조선인들이 사는 지역에서 일본인 조계지를 바로 넘겨다보는 것을 피하기 위해서라는 말도 있다.

한여름에 홍예문에 들어서면 말로 표현할 수 없는 시원한 바람이 불어온다. 바람골인 것이다. 예전에는 여름이면 홍예문이 온통 푸른 담쟁이넝쿨로 뒤덮이고 바람이 불면 담쟁이 잎들이 흔들리는 모습과 소리가 정말 좋았는데, 몇 년 전부터 담쟁이넝쿨이 석축 사이를 뚫고 나와 홍예문에 문제가 된다 하여 담쟁이넝쿨이 덮기 전에 걷어낸다. 그래서 지금은 예전에 느꼈던 그런 운치를 느낄 수 없으나 비가 오거나 눈이 오는 밤에는 여전히 묘한 풍경을 자아내는 곳이다. 역사 속의 아픈 이야기는 빗속에, 내리는 눈 속에, 밤의 어둠에 잠시 숨겨 두어도 좋은 풍경이다.

인천공회당

중구 관동 1가/ 중구 송학동 3가 3

일제강점기 인천공회당은 인천에 거주하고 있는 일본인들의 집회 장소였다. 1899년 관동1가에 있던 목조건물로 일본거류민단사무소, 상업회의소, 인천구락부와 함께 집회장소로 사용했고 1923년 송학동 3가에 2층 벽돌건물을 신축하여 이전했다.

2층에 넓은 홀과 무대가 있었으며 연희전문대(현 연세대학교)의 음악회를 비롯해 여운형, 조병옥 등의 강연이 개최되었다. 6.25전쟁으로 인해 소실되었다가 1957년 인천시립시민관을 세워 극장으로 운영했다. 현재는 인성여자고등학교 체육관이 자리하고 있다.

경찰서

중구 관동 1가/중구 송학동 3가 6

조선 말 일제에 의해 강요된 갑오개혁으로 포도청이 폐지되고 내무아문 소속의 경무청이 설치되어 근대적 경찰제도가 도입되었다. 그러나 주로 일본인 경찰로 구성되어 조선인의 생명과 재산을 보호하고 국내 공공의 안녕과 질서유지를 하기보다 조선을 억압하고 탄압하는 데 주력했다.

조선에서 일본이 경찰 업무를 시작한 것은 개항지에 영사관이 설치되면서 부터이다. 일제는 인천 조계지 내에 거주중인 일본 거류민을 보호한다는 목적으로 영사관 구내 임시청사에 부속 경찰서를 설치하였으나 한일합병 이후부터는 조선 사람들을 더욱 억압하였다. 경찰서는 국권침탈 이후 인천의 인구증가와 시가지 확대를 핑계로 현재 인성여고 건너편의 빌라 자리로 건물을 지어 이전하였다.

일제는 조선인과 중국인 사이에 시비가 생기면 일본 경찰은 중국인 보다 본토인인 조선인에게 더 혹독하게 했다고 하는데 일종의 본보기를 보였던 것이라는 생각이 든다.

인천전환국

중구 전동 1

1883년 개항 이후, 물건을 사고 팔 때 사용한 화폐는 당백전과 당오전이 대부분이었고 물건을 구입하기 위해서는 많은 양의 엽전을 갖고 다녀야했다. 그러나 엽전은 무거웠기 때문에 휴대하기 불편했다. 1883년 고종은 당시 사무협판이었던 독일인 묄렌도르프의 건의를 수용하여 상설 화폐 제조 기관인 전환국을 설치할 것을 명하였고 이후 1886년 경선전환국을 설치하였다. 당시 1환 은화, 5문과 1문 적동화 등 3종의 주화를 제조했으나 통용하지는 못하였다. 1892년 경성전환국이 폐지되고 일본인이 많이 거주하고 있는 인천에서 일본의 자본과 기술 협조를 얻기 위해 인천으로 옮겼다. 그리하여 인천전환국에서 5량 은화, 1량 은화, 2전5푼 적동화, 1푼 황동화 등 5종의 주화를 발행하여 신식화폐시대를 열었다.

인천전환국에서 만든 주화에 대조선(大朝鮮)이라는 글자를 넣었는데 당시 경성에 머물고 있던 청나라의 원세개가 대(大)자를 빼라고 압력을 가해 주조한 주화에서 대(大)자를 빼야하는 수모를 당하기도 했다.

1892년 12월부터 1898년 8월까지 인천전환국에서는 4백31만 6천환의 신식주화를 발행했는데, 백동화의 남발로 물가가 폭등하는 등의 경제적인 혼란이 생겨났다. 그리고 같은 해

8월 말 정부가 경성에 용산전환국을 설치하고 다시 이전하면서 인천전환국시대는 9년 만에 막을 내렸다. 한편 결국 화폐 제조를 일본 오사카 조폐국에 넘기면서 조선에서의 화폐 제조는 21년 만에 막을 내리게 된다.

> "현재의 전동 1번지 전환국 터는 1884년 갑신정변 당시 일본군이 주둔했었고 이어서 인천전환국, 철도감부(철도청 전신)로도 사용되었던 곳이다. 인천전환국이 떠난 자리에 1904년 러일전쟁 당시 일본군이 잠시 주둔하기도 하였다. 군대도 전환국도 떠난 자리에 인천고등여학교(현 인천여고의 전신)가 들어섰고 지금은 동인천동사무소가 자리한다."
>
> 유동현, 「굿모닝 인천: 한국의 박물관: 화폐금융」 내용 중

위치는 현 동인천 동사무소 아래 쪽 주차장 자리로 주변에 아름드리 은행나무와 이곳이 전환국 터였음을 알리는 표지석과 조형물이 세워져있다.

이야기 더하기

안경수(1853~1900)

'경성전환국이 인천으로 이전하여 준공(1892년 5월 착공, 11월에 준공)할 당시 전환국의 방판(幇辦)은 안경수였다. 출신은 불분명하나 서자로 태어난 그는 일찍부터 개화에 눈을 떠 일본을 왕래하다가 고종 24년(1887)에 통리교섭통상사무아문의 주사로 발탁된 뒤 최초의 주일공사인 민영준의 통역관이 되었다. 1894년 동학농민군의 봉기로 인해 청일전쟁이 일어나자 그는 핵심적인 친일개화관료가 되었고 1895년 4월 삼국간섭 이후에는 일본을 배격하고 러시아 세력을 끌어들이려는 명성황후의 신임을 받아 경무사와 군무대신을 역임하였다. 그러나 을미사변으로 명성황후가 시해되자 군부대신직에서 해임 된 뒤 친미, 친러파가 일으킨 춘생문 사건에 가담하였으나 실패하여 징역 3년을 선고받았다. 1896년 2월 고종의 아관파천으로 특별사면 된 뒤 경무사와 중추원 일등의 관직에 임명되었으며 독립협회의 창립에 참여해 초대 회장직과 대조선저마제사회사 사장을 지내기도 하였다.

안경수는 1898년 황제양위 미수사건으로 일본으로 망명했고 박영효 일파와 합세하여 독립협회와의 제휴를 통한 정계복귀를 시도

하나 실패한다. 이후 주한 일본공사 하야시의 주선으로 1900년 1월 귀국하여 공정한 재판을 받는다는 조건으로 자수하였으나 심한 고문을 받고 이준영 역모사건(1894)에 관련된 죄로 교수형에 처해졌다. 1907년에 신원(伸冤)되었으며, 시호는 의민(義民)이다'

안경수, 한국민족대백과사전

안경수의 집은 홍예문에서 동인천으로 내려가는 길목에 있었는데 일제강점기에 고타니 마스지로가 살면서 『인천부사』를 집필한 곳이다. 그 이후 그곳에 전동의원이 들어왔다가 주인이었던 여의사가 이민을 떠나면서 이 집을 성공회수녀회에 기증하였다. 안경수의 집은 전통 한옥이었으나 오래도록 방치되었다가 2009년 빌라가 들어섰다.

웃터골 운동장

제물포 고등학교 운동장

중구 전동 26 (자유공원로 58-9/제물포고등학교 운동장)

웃터골 운동장, 현 제물포 고등학교 운동장은 우리나라에서 근대 체육경기를 처음 시작한 곳으로 우리나라 체육의 성지라고 일컬어지며 국내 최초의 공설운동장이 있던 자리이다. 이곳은 자유공원의 정상에서 내려다보이는 완만한 분지로 경사진 삼면 기슭이 천연스탠드 역할을 한다. 한 영화에서 우리나라에서 야구가 처음 시작된 곳이 1905년 서울이라고 했지만 야구는 인천에서 처음 시작됐고 축구 역시 개항 당시 제물포항에 입항했던 외국배의 선원들이 떠날 때 두고 간 가죽 공으로 시작한 것으로 알려져 있다.

웃터골 운동장은 야구 역사의 한 장이 펼쳐진 곳이기도 한데 바로 한일야구가 시작된 곳이기 때문이다. 일제강점기에 한일전이 열리는 날은 그 열기가 말할 수 없이 뜨거웠고, 생선을 지게에 지고 다니며 팔던 장사꾼들은 야구 보느라, 더운 날 생선이니 조개가 다 상하기 일쑤였다고 한다. 특히 서울로 기차통학을 하던 학생들이 주축이 된 '한용단 야구팀' 과 미두취인소 소속의 '미신팀' 이 라이벌이었으며 그날 경기는 발 디딜 틈이 없었다고 한다. 현재는 인천고등학교, 제물포고등학교, 동산고등학교가 고교 야구의 명맥을 잇고 있으며, 한국 야구 100주년 기념대회에서 인천고등학교가 전국 우승을 하면서 인천 야구의 자부심을 세워주었다. 이처럼 많은 이야기와 역사를 담고 있던 웃터골 운동장에 1934년 일본이 부지를 빼앗아 인천공립중학교를 세웠고 공설운동장은 숭의동으로 이전하게 되었다.

스포츠의 산실인 웃터골 운동장은 1960년대 들어 야당도시 인천의 국회의원 선거유세장이 되기도 했다. 이때 나온 막걸리와(막걸리 선거) 푸짐한 안주에 한 표, 그리고 각 가정에는 국회의원의 사진이 반, 1월부터 12월까지 찍힌 달력이 한 장의 포스터처럼 돌려졌고 가끔 세숫비누를 돌리기도 하였다. 그렇게 한 차례 사진 등이 돌아가면 인천시민들은 1년 내내 그 국회의원의 얼굴을 방에 붙여 놓고 보는 거였다. 당시 내 기억에 남은 국회의원은 민주공화당의 유승원 의원, 신민당은 김은하 의원으로 모두 영화배우 못지않게 잘 생긴 얼굴이었다. 故김은하 의원의 동생이 인천의 원로 언론인인 故김상봉 선생님이다. 선생님께서 살아생전 인천 언론인들에 대한 이야기와 초기의 시립도서관, 박물관이야기 등 많은 말씀을 해주셨던 기억이 남아있다.

제물포 고등학교

중구 전동 26(자유공원로 58-9)

1934년 인천공립중학교 설립 ▶인천중학교 ▶제물포고등학교

1934년 일본인 학교인 인천공립중학교가 설립되었고 광복 후 인천중학교로 바뀐다. 그리고 만족교육자이면서 3.15 운동을 이끄신 길영희 교장과 인천중학교 졸업생들의 노력으로 1954년 인천중학교 안에 제물포고등학교 건물을 지었다. 6.25전쟁 당시 인천중학교는 북한군의 군수품 창고로 사용되다가 인천상륙작전 이후 연합군이 운동장에 막사를 세우고 야전병원으로 활용했다. 운동장 한쪽에 있는 학교 강당인 성덕당은 1935년에 지어진 건물로 문화재로 지정됐다. 제물포고등학교는 우리나라에서 최초로 무감독 시험제도를 시행하고 무규율부제도를 실시했다.

이야기 더하기

내가 초등학교 때 제물포고등학교 강당에서 각 학교대항 배드민턴 대회가 열렸던 기억이 난다. 그리고 제물포고등학교엘 가려면 동인천에서 자유공원 쪽으로 올라가게 되는데 인천여자 중·고등학교를 지나쳐야 했다. 그리고 제물포고등학교 옆쪽에는 인일여자 중·고등학교가 붙어있고, 제물포고등학교 입구를 지나 홍예문을 통과하면 5분 거리에 인성여자 중·고등학교가 있었다. 이처럼 제물포고등학교의 사방이 여자 중·고등학교에 둘러싸여 있어서 남학생들은 등하교길을 '실크로드'라고 불렀다.

세 번째 이야기

송월동 이야기 ● 총독별장

● 남경포브 아파트(인천전기주식회사) ● 애경유지

● 차이나타운

송월동 이야기

동화마을

자유공원이 있는 응봉산 아래 소나무가 많은 동네라는 뜻으로 동네 이름이 생겼다. 개항 당시에는 조선인 거주지와 외국인이 거주하는 각 국 거주지였다.

쇠락해가는 동네 집집의 담장에 동화속 이야기 그림을 그려 넣기 시작한 것이 말 그대로 동화마을이 되었다.

중구 송월동 3가 14-3

조선 말 송월동에는 응봉산 남쪽으로 독일인을 중심으로 외국인들이 살고 있었다. 송월동과 가까운 북성포구에는 부두와 수산물 공판장이 있었기 때문에 배를 부리는 선주들이 많이 살았고 아직도 제법 큰 기와집들이 남아있다. 송월교회 밑으로는 일자형으로 비슷비슷하게 지어진 일본식 주택이 남아 있는데 동일방직과 이천전기 사택으로 사용되었던 집들이다. 몇 년 전 답사 때만 해도 골목골목이 조금은 쇠퇴한 듯했으나 조용한 동네였는데 지금은 알록달록 이야기를 담은 벽화가 가득한, 말 그대로 동화마을이 되었다.

동화마을 안쪽으로는 수녀원이 하나 숨은 듯이 있는데 원래 그 터에는 독일계 무역회사 세창양행(마이어양행)의 간부인 파울 슈르바움의 저택이있었다. 슈르바움의 둘째 딸이 쓴 『인천 송월동에서의 회고』를 보면 벚꽃과 등나무가 아름다운 집이었다고 한다. 마이어양행의 슈르바움은 인천각(존스턴 별장)을 짓기 위해 제물포에 왔다가 1902년 이 집을 지었다. 1916년 제1차 세계대전이 독일에 불리하게 되자 일본인들에게 세창양행 사택(현 맥아더동상 자리)을 빼앗기고 쫓겨난 후, 1950년 12월 13일 일본 요코하마로 피난하기 전까지 34년간 이 집에서 살았다.

슈르바움은 독일 상사(세창양행)의 간부로 조선말 개항 이후부터 1950년까지 긴 세월을 인천에 거주하며 활동하였고 넓은 인맥을 갖고 있었다. 독일이 제 2차 세계대전에 패하여 슈르바움의 남은 재산도 적산 취급을 받았으나 해제되었다. 그의 아들 헤르만 슈르바움은 해방 이후 어려운 상황에서도 '계명원' 이라는 고아원을 자력으로 운영하며 고아들을 헌신적으로 돌보았다.

슈르바움이 오랫동안 지냈던 저택 자리에는 1969년 천주섭리수녀회의 건물이 들어섰다. 20여 년 전 수녀원에 들어가볼 기회가 있었는데 내부가 다른 수녀원보다 더 소박하고 수수했던 기억이 남아있다.

총독별장

자유유치원

중구 송월동 3가 /현재 자유유치원

총독별장 터는 송월동 제물포고등학교 뒷문, 바다가 바라보이는 곳으로 지금은 자유유치원이 자리하고 있다. 그 자리는 원래 독일 상인인 파울 바우만의 주택이 있었던 곳으로 주택은 서양식의 2층 석조건축물이었다고 한다. 러일전쟁 직후인 1906년경에 세워진 것으로 추정되며 일제강점기에는 조선총독을 두 번이나 지낸 사이토 마고토의 별장으로 사용되었다. 총독별장은 광복 이후 미군과 국군이 번갈아가면서 사용하다가 인천상륙작전 당시 건물 일부가 파괴되었고 1955년에 완전히 철거되었다.

그 자리에는 이후 송월초등학교가 세워졌는데 건너편으로 이전하였고 그 자리에 북성초등학교가 개교하였다가 얼마 안 가서 송월초등학교와 통합돼 폐교되고 인천교육과학연구원을 거쳐 지금은 공립 자유유치원이 자리하고 있는 것이다.

이야기 더하기

'사이토 마고토는 일본의 해군군인이자 관료, 정치가이다. 해군병학교를 졸업한 후 미국에서 유학한 자수성가형 인물로 1919년부터 1927년까지 제3대, 1929년부터 1931년까지 제5대 조선총독부총독으로 근무했다. 1919년 9월 조선총독으로 부임하러 조선의 남대문역에서 내리다가 강우규 등의 폭탄습격을 받았으나 구사일생으로 죽음을 면하였다. 3.1운동 이후 조선총독으로서 종전의 '무단정치'에서 '문화정치'로 통치법을 전환해 식민지 반발을 무마하려고 노력했다. 1936년 2월 26일에 발발한 2.26사건에 가담한 청년 장교들에 의해 암살되었다.'

남경포브아파트

인천전기주식회사

중구 송월동 2-22

인천역 철길 뒤쪽으로 남경포브아파트가 있는데 그 자리가 1905년 인천 일본인 거류민에 의해 설립된 인천전기주식회사 사옥과 발전소가 있던 터이다. 건물은 프랑스식이었다고 하며 장내에 호수와 같은 큰 저수지가 있었다고 전한다.

"우리나라에 전기가 처음 들어 온 것은 1887년 3월 경복궁에 켜진 전등이며 인천에서의 전등사업은 1905년 각국 외국인 39명의 출자로 시작된다. 인천항에 진출한 일본인들은 대부분 상공업 종사자들로 그들이 하는 사업이 전기를 매우 필요로 했지만, 전기사업은 각국 거류민의 동의가 있어야만 가능했다. 결국 전기 사업은 인천에 위치한 타운센드가 미국 에디슨사의 대행사로 선정되면서 100KW 규모의 직류화력발전기 두 대로 시작한다. 그 당시 전기요금은 16촉 한 등을 밤새도록 사용하는 종야등(終夜燈)이 3원이었고 저녁부터 자정까지 사용하는 반야등은 월 2원, 그리고 사용량에 따라 부과하는 종량은 kwh에 30전이었다. 당시 쌀 1되가 18전, 소고기 한 근이 40전, 목수일당이 1원에서 1원 30전 했던 것과 비교하면 엄청나게 비싼 가격이었다.

인천에서 시작된 전기사업은 1912년 조선의 전기산업을 독점하기 위해 일본인이 서울에 설립한 한일와사전기주식회사에 매각 되고 인천지점은 1915년 9월 주식회사 경성전기 인천지점으로 명칭이 바꾸고 전기공급만 전담하게 된다. 결국 인천은 타의로 인해 전기 생산처에서 소비처로 바뀌고 서울에 의존하게 된다."

사진에 비친 인천 100년, 인천일보 2017.2.15

애경유지

중구 송월동 2가 (현재 주차장)

1895년 인천에서 처음 비누가 만들어지긴 했지만 비누공장이 세워진 것은 1911년 일본인 '오다' 라는 사람이 지금의 송월동에 차린 '애경사'이다. 1954년 애경사 공장을 인수한 채몽인씨는 '주식회사 애경유지공업'을 창립하였고 종업원 50여 명과 함께 비누를 생산했다.

애경사가 생산한 비누 '애경'은 폭발적인 인기를 얻었고 '미향비누'를 한 달에 100만 개나 팔아 서울과 인천을 달리는 차량이 거의 애경유지의 트럭이었다고 한다. 1970년 채몽인씨가 타계하고 부인 장영신 회장이 경영을 이어 오늘날의 애경그룹으로 성장했다. 100년 가까이 버텨온 애경사의 건물은 편리함을 추구하는 논리에 의해 2017년 5월 단 두 시간 만에 사라지고 말았다. 그 자리는 지금 주차장이 들어섰다.

북성동 주민센터와 차이나타운

중구 선린동 20 (차이나타운로 59번길 12)

차이나타운이 지금처럼 번성해지기 전에는, 현재 한중원이라는 중국식 공원 앞 전통의상 체험관자리에 있었다. 그러다 차이나타운이 개발되고 번성해지면서 차이나타운 안쪽으로 중국식으로 새로 지어 이전했다.

북성동주민센터 뒤쪽으로는 예전 공화춘 자리에 자장면 박물관과 그 위쪽으로 오래된 중국집들이 자리하고 있다. 북성동주민센터에서 정면으로 올라가면 현재 영업하고 있는 또 다른 공화춘이 있는데 그 자리는 황해여관이 자리했던 곳이다. 이 여관은 뱃사람들과 오래전 하인천 뒷쪽에 부두와 수협 등 종착역에서 생활하던 사람들이 머물러가던 숙소였다.

차이나타운은 임오군란 당시 청군을 따라 들어온 청국 상인들에 의해 형성되기 시작하여 지금에 이른다. 청국 상인들은 낯선 땅에 정착하기 위해 각종 상업과 공사에 참여하며 터를 잡았으나 청일전쟁과 중일전쟁으로 인해 많은 중국인 화교들이 본국으로 돌아갔다. 1913년 중국 지린성에서 일제의 술책으로 조선 농민과 중국인 농민들 사이에 발생한 만보산 사건 당시에는 중국 현지에서 보다 인천 화교들의 피해가 더 컸다고 한다.

박정희 대통령 당시에는 각종 규제로 인해 많은 중국인들이 중국이나 대만으로 가거나 미국으로 이민을 갔다. 그뿐만 아니라 이후에도 한국인들의 텃세가 워낙 심해 중국인들은 한국인들의 출입을 막기 위해서 화교 청년들이 공원산책로 북쪽에서 교대로 보초를 섰다고 한다.

내가 어렸을 때 화교촌은 금지구역이자 절대 가면 안되는 곳으로 생각했었다. 이 인식은 물론 어른들의 오해와 포용력의 부족에서 비롯된 것이지만 그 때 들었던 부정적인 이야기들은 어른이 된 지금에도 잘 지워지지 않는 어두운 기억으로 남아있다.

일제는 화교촌 안에도 일본 헌병대를 배치하여 화교들을 감시하였다. 화교인 손할머니 말에 의하면 조선인과 화교들이 싸움을 하면 조선인들에게 본보기를 보이기 위해 아주 호되게 대했고 중국에서 같은 일이 생기면 그곳에서는 중국인들을 호되게 대했다고 한다.

청국영사관이 있던 자리에 위치한 중산학교는 대만계(중

화민국) 학교이다. 학교 옆에는 화교유치원이 있는데 그 유치원에 보내면 중국어는 기본이고 영어까지 배울 수 있다는 소문이 나면서 15년 전 한국 엄마들이 극성으로 줄을 섰었다. 중산학교 운동장 아래는 '회의청' 건물이 아직 남아있다.

네 번째 이야기

제물포의 호텔과 여관 ● 대불호텔 ●

일본우선주식회사 인천지점 ●

인천아트플랫폼과 한국근대문학관 ● 미두취인소

제물포의 호텔과 여관

대불호텔: 중구 중앙동 1가 18 (신포로 23번길 101)
천강여관: 중구 관동 1가 9 (신포로 27번길)/현재 풍전빌라
수진여관: 중구 관동 1가 15(제물량로 232번지 20-21)
아사히야여관:중구 사동 3가 1 (신포로 8)
하나야여관: 중구 중앙동 1가 19-2 (신포로 23번길 102)
이태호텔(스튜어트호텔):중구선린동 6 (차이나타운로 59번길)

개항 당시 제물포에서는 여관과 호텔이 성업했다. 그 이유는 먼 타국에서 오는 선교사들이나 무역업자들이 서울로 가기 위해서는 제물포를 거쳐야 했는데 철도가 개통되기 전에는 하루나 이틀 정도 제물포에서 묵어야 했기 때문이다.

대불호텔은 서울 정동의 손탁호텔보다 14년이나 앞서서 지어진 최초의 서구식 호텔로 나가사키 출신의 일본인 호리 리키타로가 지은 것이다. 1884년 아펜젤러 목사 부부와 언더우드가 제물포에 도착했을 때 언더우드는 서울로 가고 아펜젤러 목사 부부가 묵었던 곳이기도 하다. 식사는 양식이 제공되었고 커피도 판매했다고 하는데 당시 조선인들은 서양에서 들어온 커피의 검은색 물을 보고 양탕국이라 불렀다.

개항장 대불호텔은 청국조계지와 일본인 조계지 계단의 초입, 일본인 거류지가 시작되는 곳에 위치해 있었다. 오랫동안 공터로 있었는데 현재는 대불호텔을 재현하여 전시관으로 활용되고 있다.

스튜어트 호텔-이태루

청국조계지 계단이 시작되는 곳에서 일본조계지를 마주 바라보면 중국인 이태가 지은 스튜어트 호텔(현 본토)이 있었다. 1888년 7월 22일, 한여름에 프랑스 마르세이유, 알렉산드리아, 사이공, 상하이를 거쳐 제물포에 도착한 두 명의 프랑스 수녀님과 사이공에서 일행에 합류한 중국인 수련수녀 두 명이 묵었던 곳이다. 수녀님들은 하루 밤을 묵고 그 더위에 장독교를 타고 오류동을 거쳐 서울 정동수녀원으로 향했다.

2008년 샬뜨르 수녀회 120주년 선교기념으로 전국각지에 있는 샬뜨르회 수녀님들이 그녀들의 선배가 조선에 첫발을 내디딘 개항장에 방문했다. 수녀님들은 중부경찰서 뒤쪽 제물진두 성당 건너편에 세워진 기념비를 거쳐 근대건축전시관에 와서 해설을 듣고 그 여정을 따라 순례를 하였다.

2016년 11월 30일 경인일보에 화교협회 뒤 회의청 앞마당에서 '화상 이태지계' 라는 글씨가 적힌 표지석을 찾았다는 기사가 실렸다. 그 전까지 인천시향토사학계는 '이태' 를 스튜어드 호텔을 운영한 사람의 이름으로 추정했으나 표지석의 발견과 함께 '이태' 가 상호라는 것이 새롭게 밝혀졌다. 스튜어드 호텔은 인천 화교협회 2대 회장을 지낸 양기당이 지은 것으로 우리나라 최초의 호텔인 대불호텔이 이어 두 번째로 지어진 호텔이며 '이태루' 라고도 불렸다고 한다.

수진여관

인천광역시중구청 옆길에서 인천광역시 남부교육지원청으로 올라가는 초입에 점심때만 영업을 하는 식당이 있었다. 식당 자리는 개항 당시에 조선을 여행하던 여행 작가 버튼 홈스의 책에 'Japaness Hotel' 이라고 소개된 사진의 장소이다.

수진여관은 1905년 1월 1일 대한제국 황실의 재산이었던 응봉산 정상에 인천관측소를 신축해 이전할 때까지 해관에서 하던 기상업무를 위해 기상사무소로 사용됐었다.

아사오카여관(천강여관)

아사오카여관은 인천광역시 중구청 옆에 있는 빌라 자리에 있었다. 4층 목조건물로 인천에서 가장 큰 일본식 여관이었으며 처음에는 요리점으로 문을 열었고 안중근 의사의 저격으로 죽은 이토오 히로부미가 제물포에 오면 단골로 머물렀던 여관이라고 한다. 1905년 11월 일제가 강제로 을사늑약을 체결할 때도 이토오 히로부미가 이 여관에 머물렀다는 기록이 있다. 아사오카 여관은 광복 후에는 귀한(歸韓) 동포 수용소로 사용했으나 언제인지 사라지고 말았다.

그 외

대불호텔 건너편에 있던 하나야 여관은 3층으로 된 일본식 목조 건물 이었으나 현재 이 자리는 주택이 들어서 있다. 사동에 위치했던 아시히야 여관은 1905년 인천우체국(현 인천중동우체국) 건너편에 위치했던 3층 규모의 일본식 건물이었으나 6.25전쟁 중에 소실되었고 현재 삼성생명 건물이 들어서 있다.

월미도 유원지 내에는 월미도유원지주식회사가 지은 1935년 개장한 빈 호텔이 있었다. 이 호텔은 인천상륙작전 당시 월미도 유원지 내에 있던 용궁각, 조탕, 옥외수영장등과 함께 폭격으로 소실되었다.

대불호텔

개항 직후 부산에서 올라와 일본군에 군수물자를 납품하던 일본인 사업가 호리 리키타로가 1888년 신축하였다. 1885년 아펜젤러 목사가 묵었던 호텔은 그 옆이었다. 아펜젤러의 기록에 따르면 그는 신축하기 전 구관에서 숙박했던 것으로 추정되며 호텔에서는 일본어가 아닌 영어로 손님을 맞이했고 서양요리와 함께 커피를 마실 수 있었다고 한다. 호텔 방은 편안하고 넓었으나 약간 싸늘했다고 전한다. 대불호텔은 1894년 청일전쟁 당시 일본군의 병참본부로 사용되기도 했다.

대불호텔은 경인선이 개통되기 전까지는 인기가 많았으나 1907년부터 경영위기로 영업을 중단하고 폐업하였다. 1918년 중국인에게 매각되어 북경요리전문점인 중화루로 운영되었다. 호텔 터를 돌아 아랫길 인천아트플랫폼 입구에는 어느 작가가 설치한 대불호텔 모형 시계탑이 세워져 있다.

현 복림원 자리는 오정희의 소설 『중국인 거리』에 나오는 곳이다. 몇 년 전까지만 해도 그 자리에는 미국에서 온 '밥' 아저씨가 빵을 굽던 포그시티라는 음식점이 있었다. '밥' 아저씨는 한국인 아내와 두 아들과 함께 10여 년 전에 한국으로 건너와 인천에서 자리를 잡기 위해 음식점을 운영하셨지만 결국 다른 지역으로 갔다.

'밥' 아저씨가 들어오기 전에는 중국식 건물이 있었는데 오정희 작가가 어릴 때 살던 집이었다. 오정희는 석유회사에 다니는 아버지를 따라 인천 차이나타운으로 이사를 와서 어린 시절을 이곳에서 보냈다고 한다. 이와 관련하여 2015년 어릴 적 기억을 더듬으며 경인일보와 인터뷰를 한 적이 있다. 위쪽에 자리하고 있는 '본토' 자리에는 1970년대까지 동양석유라는 회사가 있었다.

일본우선주식회사 인천지점

중구 해안동 1가 9 (제물량로 218번길 3)

일본우선주식회사는 도쿄에 본점을 두고 여객 및 화물을 수송하였던 해운회사이다. 1883년 4월 인천지점을 설치했고 현재 남아있는 건물은 1888년 신축된 것이다. 이 건물은 청일전쟁 당시에는 일본군병참사령부로 사용되었고 러일전쟁 때도 많은 역할을 했다. 일본 우선주식회사 증기선은 청일전쟁과 러일전쟁 때 병력과 군수물자를 운반하기도 했다. 1888년 말에서 1889년 초 지어진 것으로 추정되는 일본우선주식회사건물은 현존하는 우리나라의 근대건축물 중에서 가장 이른 시기에 지어진 것으로 생각되며 현재까지 원형으로 남아있다. 이 건물은 1883년 4월 우편기선 미쓰비시회사 부산지점의 인천출장소로 개설되었는데 1886년 7월 일본우선주식회사 인천지점으로 승격한 뒤 조선의 해운업을 장악했다.

해방 후에는 동화실업주식회사, 천신항업, 대흥공사 등 항만 관련 회사의 업무용 공간으로 사용되다가 현재는 인천아트플랫폼 아카이브 공간으로 사용되고 있다.

인천아트플랫폼과 한국근대문학관

중구 해안동 1가 10-1/중구 해안동 2가 6-2

일본과 청나라는 개항 전부터 우리나라의 질 좋은 쌀을 수입했고 개항 이후 일제가 본격적으로 쌀을 수탈해 가면서 쌀을 정미하고 보관하기 위한 창고를 수인역에서부터 인천역쪽까지 짓기 시작한다. 현재 한국근대문학관으로 활용되고 있는 건물도 광복 직전에 지어진 창고 건물로 한국근대문학관이 개관하기 전에는 고려농산이라는 김치공장이 있었고 그 옆으로는 철공소등이 있었다.

인천아트플랫폼 H동 옆 유리건물 자리에는 작은 슈퍼와 건강원, 세탁소, 다방 등이 있었다.

> "수위실이 있는 A동에는 코오리 킨자부로라는 해운무역업자가 자신의 이름을 따서 만든 군점조회가 있던 건물로, 1900년대 초기의 사무소 건물 원형이 아직 남아있다."
>
> 손장원, 인천의 근대건축산책 화도진도서관 인천학 강좌, 2009

인천아트플랫폼 일대는 대한통운과 한진해운이 사업을 시작한 곳이다. 현재 인천아트플랫폼의 창고 건물들은 1930년에서 1940년대 지어진 것들이다. 인천아트플랫폼은 2006년 시에서 건축물을 매입하여 조성한 복합문화예술 공간으로 창작스튜디오, 교육관, 전시장, 공연장 등으로 활용되고 있다. 건물 한 동은 입주작가들의 게스트하우스로 활용되고 있다. 인천아트플랫폼 개관 전인 2009년 이곳에서 국제인천여성비엔날레를 개최하여 세계 각국의 여성 예술가들의 전시와 공연을 한 적도 있다.

이야기 더하기

국제인천여성비엔날레가 개최되었던 당시와 인천아트플랫폼 개관 이후 간간이 핸드폰 카메라로 작가들의 작품 설치전과 과정, 후의 모습을 담아 놓았었다. 인천아트플랫폼은 초기에 꽤 많은 전시회가 열렸는데 몇 년 전까지는 닫혀있을 때가 많았다. 닫힌 문을 볼 때마다 "문을 여시오!"라는 글을 써서 문마다 붙이는 퍼포먼스를 해볼까 했으나 하는 일 때문에 실행은 못했다. 인천아트플랫폼은 드라마 KBS에서 방영되었던 '드림하이'의 기린예술고등학교 촬영 장소로 유명하다.

개관 초에는 전시관이 건축전시관 하나밖에 없었는데 파주 헤이리에서 활동하는 많은 작가들이 전시관에 찾아와 어떻게 입주할 수 있는 건지, 여러 가지 궁금한 점을 묻곤 했다. 타 지역의 많은 작가들이 정말 인천아트플랫폼을 부러워했고 오고 싶어 했는데......

인천아트플랫폼 끝 길에서 신포동쪽으로 제법 큰 은행나무들이 가로수로 서 있는데 가을날 그 길을 바라보면 정말 예쁘다. 황금빛 은행잎이 아침햇살을 받으며 바람에 흔들리다 떨어지는 모습은 이 근방에서 보기 힘든 풍경이다. 가을 하늘과 함께……

인천미두취인소

중구 중앙동 2가 17 (신포로23번길 65-1)/중구해안동 3가 제물량로 196) 반복창(인물)

인천미두취인소 터는 중구 중앙동에 있는 국민은행자리이다. '취인소' 란 거래소라는 뜻으로 일본식 명칭이다. 1896년 5월 5일 우리나라 최초로 인천에 개설된 미두취인소는 쌀, 콩, 석유, 명태, 방적사, 금사, 목면 등 일곱 가지 상품을 거래했다. 1904년부터는 운영상의 문제로 주된 거래 품목을 쌀과 콩으로 한정한다.

미두취인소 설립 당시 제물포에 있던 외국인 상사들과 일본 내에서 반대가 있었으나 인천항에 있던 일본영사관의 독단적인 결정으로 허가 설립 되었다. 그 과정에서 조선 정부는 배제되었다. 미두취인소는 일본의 자본으로 세워졌고, 일본인에 의해 운영되던 거래소로 모든 거래가 일본인에게 유리한 쪽으로 이뤄졌음은 당연한 것이었다.

미두취인소는 사실 일종의 도박장으로, 투기와 가격조작 문제로 인해 운영과정에서 적잖은 폐해를 낳았다. 성공한 미두꾼이 없었던 것은 아니지만 한국인 지주와 중소기업인, 일확천금을 꿈꾸고 인천항에 미곡을 싣고 온 사람들 가운데 이를 털리거나 매매차익을 노리고 투자했다가 패가망신하는 예가 허다했다.

일본에는 1700년대부터 오사카미두선물시장이 있었기 때문에 선물거래 형태에 익숙했다. 그래서 일본 상인들은 인천뿐만 아니라 군산, 부산 등 개항장이 있는 곳에 계획적으로 미두취인소를 설립했고 이는 마치 "오사카의 어른이 인천미두취인소의 어린아이를 가지고 노는격"이었다. 당시 "땅은 동양척식주식회사에, 현금은 미두취인소에 수탈당한다" 는 말이 있을 정도였다. 일본이 합법적으로 조선인들의 부를 강탈하기 위한 수단으로 미두시장을 활용한 것이다.

인천미두취인소 이야기를 하다 보면 반복창 이야기가 어김없이 나온다. 그는 강화부에서 태어나 10살 때 아버지를 잃고 가장이 된 인물로 12세에 일본인 주인에게 하루 열일곱 번 미두취인소의 시세를 전달해주는 심부름을 하면서 매일 시세 그래프를 작성하고 분석하였다. 그는 일본어를 독학으로 습득하고 경제지식을 쌓아 오 년 만에 미두시장의 이 인자로 성장하였다.

"그는 전 재산 400원(현 시가 4천만 원)을 투자하여 일 년 만에 40만원(현 시가 400억 원)으로 무려 1,000배의 이득을 취했는데, 그의 나이 21세였다. 반복창은 고향으로 금의환향하여 경성

최고의 미인인 김후동과 초호화 결혼식을 올렸다. 결혼식을 위해 인천에서 경성까지 하객용 열차를 대절했고 역에는 결혼식장인 조선호텔까지 하객들을 모시는 승용차가 대기하고 있었다. 신혼주택으로 인천의 외리(경동)에 초호화 서양주택을 짓기도 하였다. 그러나 결혼 2년 뒤인 1921년 한 해에만 100억 원의 손실을 입고 주택공사는 중단된다. 그리고 24세에는 완전히 빈털터리가 되고 이혼까지 하게 됐다. 결국 반복창은 사설미두시장을 전전하다 중풍에 걸려 40세 때 눈을 감았다.

반복창이 죽고 그로부터 약 1달 뒤 미두시장은 조선총독부 통제로 변경되어 1931년 경성주식취인시장과 합병하여 운영권을 빼앗기고 인천미두취인소는 문을 닫는다."

[스톡&스토리] 미두신과 금광왕, 서울경제, 11면 2013.7.5

다섯번째 이야기

맥코넬 주택 ● 모오스 주택 ● 라포르트 주택

● 헨켈 주택 ● 뫼르젤 주택 ● 데쉴러 주택 ● 알렌 별장

● 오례당 주택

맥코넬 주택

McConnell mansion

중구 송학동 3가 / 현재 중부교회교육관

맥코넬은 스코틀랜드계의 영국인으로 25세에 인천생활을 시작해 38년을 살면서 해관장, 타운센드상회 대리인, 회풍은행 지점장을 지낸 인물이다. 1905년 인천에서 제8대 해관장을 맡았던 외국인으로는 마지막 해관장이기도 하다.

맥코넬이 살았던 주택은 신포동에서 현 한진아파트로 올라가는 언덕 왼쪽에 있었는데, 1970년대 중반에는 한국화가인 이당 김은호가 거주하였고 1979년 이당의 사망 이후 '이당기념관' 으로 사용되었다. 이후 한동안 샤브샤브 국수 가게로도 운영되었는데, 개인적으로 한글교실 선생님들과 노수녀님과 함께 샤브샤브 국수를 먹었던 추억의 장소이기도 하다. 현재 중부교회 교육관으로 사용하고 있다.

이당 김은호는 1892년 인천에서 태어났다. 어용화가(御用畵家)로 인물화를 잘 그렸는데, 남원 춘향사당의 춘향 영정과 진주의 논개 사당에 걸렸던 논개 영정, 그리고 조선왕실의 역대 어진 5위와 순종 어진을 제작했다. 1919년에는 3.1운동에 참여했다가 체포된 적이 있으나 일제강점기 당시의 행보로 친일에 대한 논쟁이 있다. 10여 년 전에 논개 사당의 논개 영정이 친일파 김은호의 작품이기 때문에 사당에서 내린다는 뉴스를 접하면서 논개의 영정을 인천으로 가져오면 좋겠다는 생각을 했었다.

모오스 주택

James R. Morse mansion

중구 송학동 2가 18

뉴욕과 요코하마에 있던 미국무역상사의 대표였던 제임스 모오스는 우리나라 최초의 경인철도 부설권을 획득했던 인물로, 1896년 현 인성여자중학교 건물 자리에 집을 지었었다. 그 흔적은 6.25전쟁으로 인해 찾아볼 수 없지만 휴전 이후 초대국회의원으로 반민특위감찰관, 국회부의장을 지낸 곽상훈이 그 자리에 자신의 집을 지었다.

모오스는 주미공사 알렌의 신임을 얻어 우리나라 최초의 경인철도 부설권을 획득하고 1897년 3월 29일 인천 우각현(현 도원역 인근)에서 기공식을 거행했으나 자금난으로 공사가 중단되었고 1898년 12월 철도 부설권을 일본에 넘긴다.

한편 모오스에 대한 기록에는 그가 평안북도 운산군에서 동양합동광업회사가 운영하던 운산금광의 채굴권을 1896년에 조선정부로부터 받아 1899년부터 채굴을 시작했다는 내용이 있다. 미국은 우리나라의 운산금광에서 40여 년 동안 금을 캐갔는데, 미국뿐만 아니라 일본 등 여러 나라가 당시에는 우리나라 각지에서 금을 채굴해 갔다.

라포르트 주택

Laport mansion

중구 송학동 2가 -14

현 제일교회와 동국빌라의 옆쪽 주차장으로 사용하는 곳에 1896년에서 1897년경에 지은 것으로 추정되는 붉은 함석지붕의 단층집이 인천 해관장이었던 라포르트의 집이었다. 라포르트는 1883년 6월 16일 인천해관의 봉판(보좌관)으로 시작해 1905년 5월 해관장으로 퇴임하기까지 20년 넘는 세월을 인천에서 살아온 인물이다.

1883년 6월은 조선해관의 총세무사로 임명된 뮐렌도르프가 담당 세무사인 영국인 스트리플링, 이선청, 독일인 슐츠, 프랑스인 라포르트, 중국인 오례당 등을 선임해 원산해관(1883년 6월17일), 부산해관(7월3일)을 설립해 나가던 시기였다. 라포르트의 주택은 1896년을 전후해 지어진 것으로 1980년대 중반까지만 해도 흔적이 남아있었다고 한다.

라포르트와 스트리플링, 오례당과 그의 부인 아멜리아는 1900년 4월 답동성당의 종 제작에 봉헌금을 냈던 인물들이다. 2012년 답동성당 신부님의 허락을 받고 종탑까지 사다리를 타고 아슬아슬하게 올라가 종 안에서 그들의 이름을 직접 확인하고 사진을 찍었다. 아직도 종 안에 이름들이 선명하게 남아있는데 100년의 세월이 지났다는 것이 믿기지 않을 정도였다.

헨켈 주택

Henkel mansion

중구 송학동 1가 2-1 /현재 제일교회 교육관

1895년 지어진 것으로 추정되는 헨켈 주택은 벽돌로 된 단층 건물로 인천항이 훤히 내려다보이는 언덕 위에 위치하여 전망이 뛰어났다고 한다. 본래는 세창양행의 사원인 독일인 뤼일리스(Luhrs)가 인천에서 결혼을 하여 살림집으로 지은 것이나, 세창양행의 간부인 헤르만 헨켈이 거주하게 되면서 헨켈 주택으로 불리게 되었다. 6.25전쟁 당시 폭격으로 인해 벽면과 굴뚝만 남아 있다가 그마저 사라지고 터만 남아 있었다. 그 뒤 개인 주택이 들어섰다가 2011년에 인천제일교회에서 교육관으로 새로 건물을 지었다.

뫼르젤 주택

F. H. Morsel mansion

중구 송학동 1가 6/현재 중구청 어린이집

현 인천광역시 중구청 뒤쪽 아띠모텔과 중구청에서 설치한 공영주차장 입구 사이에 독일인 뫼르젤의 주택이 있었다고 한다. 이 집은 노란 사각형의 독일 양식이었다고 하는데 흔적은 찾을 수가 없고 집터만 남아있다. 뫼르젤은 타운센드, 데쉴러, 쉬르바움 등이 일본인과 결혼했던 것과 달리 중국인과 결혼했고, 임차금 수금 방법이 오례당 부인에게 버금갈 정도로 악명 높았다고 한다.

뫼르젤은 인천해관 설립과 관련돼 묄렌도르프와 함께 조선에 들어와 인천에서 근무하였고 1884년 갑신정변이 일어났을 당시를 기록으로 남겼다. 다음은 그 글의 일부이다.

> "1884년 12월 2일과 3일에 서울에서 소요사태가 벌어질 것이라는 소문은 이미 제물포에 파다하게 퍼졌지만 우리는 그 소문에 대한 출처를 모르고 있었기 때문에 주의를 기울이지 않았다. 그러나 이상하게도 12월 4일 새벽 5시에 일본군이 파견되어 제물포에 주둔하게 되었고 또한 많은 일본 민간인들이 무장을 한 채 서울로 향했다."

이 기록을 시작으로 갑신정변이 일어난 시점과 과정을 비교적 자세히 기록한 그는 갑신정변이 일어났을 당시 묄렌도르프의 신변보호를 위해 서울까지 올라가기도 했다. 뫼르젤이 언제 죽었는지 알 수는 없으나 그가 죽은 후에 막대하게 축적된 인천의 재산이 독일 금고로 회수되었고 한다.

데쉴러 주택

Deshler mansion

중구 송학동 2가 18

데쉴러는 제임스 모오스가 소유하고 있던 운산금광의 재정책임자로서 동서개발회사와 데쉴러은행을 동시에 운영하면서 1902년 우리나라 최초의 해외이민을 주선한 인물이다. 1905년 해외이민 전면 금지조치가 내려질 때까지 그의 주선을 통해 총 7천500여 명이 이민했고 그는 커미션을 통해 부를 축적했다. 데쉴러가 살던 주택은 제임스 모오스의 집과 위아래에 있었는데, 데쉴러는 1923년 일본인 부인과 나가사키로 돌아가 말년을 보내고 1927년 55세의 나이로 요코하마 야미테 공원 내 외국인 묘지에 묻혔다.

1905년 이후 데쉴러 주택은 중국 북경의 록펠러 재단에서 1922년까지 구매대행업을 하는 동안 우로꼬라는 일본 요리점으로, 해방 이후에는 연기자 최불암의 부친인 영화제작자 최철의 가옥으로, 다비다모자원 등으로 사용되었다. 1957년 인성여자중학교로 신축되었던 건물마저 1979년 철거되었고 현재 그 자리는 인성초등학교 운동장으로 사용되고 있다.

데쉴러의 양아버지이자 오하이호 주지사인 '내쉬(Nash)'의 도움으로 공사가 된 알렌은 선교사직을 사임하고 고종을 설득해 데쉴러에게 한국에서의 하와이 이민사업권을 받을 수 있게 했다. 알렌의 도움으로 이민독점권을 허가 받은 데쉴러는 알렌과 내리교회 2대 목사인 존스와 함께 하와이 이민을 추진하였다.

알렌은 미국 정부와 이민절차에 관한 일들을 해결하면서 이민의 문을 여는 데 큰 역할을 하였다. 데쉴러는 이민자들이 하와이로 가는 뱃삯과 서류비용에 대한 선불 형식으로 경제적인 부분을 해결했고, 존스 목사는 교인들에게 노동이민의 중요성을 강조하며 이민자 모집에 적극적인 역할을 하면서 이민을 성사시키는데 결정적인 역할을 하였다.

> "이민사업을 했던 데쉴러는 1904년 봄 배를 한 척 구입하는데 이 배의 이름을 자신의 고향에서 따와 오하이호라고 지었다. 이 배는 화물과 이민자를 실어 나르기 위해 구입한 것이었는데, 이 오하이오 호를 탄 데쉴러의 첫 손님중의 한 명이 이승만이었다."
>
> 웨인 패터슨 지음, 정대화 옮김, 『아메리카로 가는 길』, 들녘, 2002

알렌 별장

Horace Newton Allen villa

남구 숭의동 107(우각로 134-9)

1885년 서울 재동에 한국 최초의 근대식 병원 제중원을 설립한 알렌의 별장은 현 도원역 언덕 위에 둥근 탑(돔:Dome) 형식으로 지어진 건물로, 누가 언제 건축했는지 알 수 없고 알렌이 공사였을 때 매입한 것이라고 한다. 알렌이 떠난 후 매국노 이완용의 조카 이명구 등 여러 사람을 거쳐 1956년에는 종교단체에서 매입하였고 인천전도관을 신축하였다. 1980년에도 종교단체가 사용하다가 현재는 비어있는 상태이다. 알렌이 별장을 매입할 당시 알렌이 서울을 오고 가기 편하게 하기 위해 고종이 우각현(현 도원역)에 역을 세우게 했다는 말도 전해진다. 또한 고종도 알렌 별장 옆에 이궁을 지으려고 부지를 마련하고 관리병을 머물게 했다고 한다.

알렌은 선교사 신분으로 조선에 입국했으나 그저 선교만 했던 인물은 아니었다. 그는 미국 오하이오주 주지사 내시의 도움으로 1890년 미국공사관 서기관이 되면서 조선에 진출한 미국 자본가들의 이익을 옹호하였다.

"알렌은 조선에 들어온 첫 해부터 매년 50만~300만 달러 상당의 금을 캐내던 동양최대의 금광인 운산금광을 모오스에게 넘겨주는 역할을 하였다. 당시 친일파가 득세하던 조선 조정 내에

> 서는 미국이 광산 채굴권을 얻기 힘들 것이라는 생각이 지배적이었다. 그러나 알렌은 채굴권을 얻기 위한 음모와 시도를 멈추지 않았고 '지난 10년간 조선을 위해 봉사한 알렌에 대한 감사의 표시로 운산금광을 하사하라'는 왕비의 한마디에 운산금광을 통째로 얻게 된다. 알렌은 자신이 조선에서 어려움을 겪을 때마다 도와준 모오스에게 광산의 채굴권을 넘겨주는데 큰 역할을 하였다. 운산금광을 모오스에게 넘겨 준 댓가로 조선 조정이 받은 것은 매년 2만 5000원이었다.

모오스는 25년간 평안북도 운산군 일대 28억 평의 광구에 대한 독점적 채굴권을 부여 받았고 설비와 자재에 대한 무관세 통관은 물론 법인세, 소득세 등의 세금을 일체 면제 받았다. 금광채굴이 시작되고 매년 배당금이 13만 3000달러였는데 조선 정부는 배당금에도 미치지 못하는 적은 돈에 동양최대의 금광을 통째로 넘겨준 것이었다. 알렌과 미국인들은 매년 300만 달러어치 이상의 금을 생산했지만 단 1달러의 세금도 내지 않게끔 치밀하게 계획했다. 그러다가 이후 미국과 일본의 관계가 악화되자 모오스는 1939년 대유동금광을 운영하던 일본광업주식회사에 800만 달러를 받고 운산금광에 대한 모든 권리를 양도했다. 알렌은 아관파천 당시 철도부설권을 획득하여 역시 미국인 모오스에게 넘겼다.

공산품을 생산하지 못하는 조선은 서양인들에게는 다른 나라보다도 생활비가 몇 배나 많이 드는 나라였다. 알렌 역시 조선에 거주하고 있는 다른 외국인들과 마찬가지로 생필품 대부분을 소량으로 수입해서 사용해야 했다. 연봉이 1,500달러에 불과했던 알렌은 늘 박봉에 시달렸음에도 불구하고 우각현 언덕에 별장과 미국 토리도에 있는 두 곳의 회사에 투자를 했었다. 그런 자금이 어디서 났을까? 알렌이 친구 브라운에게 쓴 편지에 이렇게 적혀있다.

'모오스와 헌트는 그들의 이익이 확보되고 금광이 원활하게 운영되자 나에게 두 번에 걸쳐 현금과 선물을 주었다'"

전봉관 KAIST 인문사회학부 교수, 운산금광채굴권이 미국에 넘어간 전말, 조인스뉴스 2015.10.3

알렌이 갑신정변으로 인해 변을 당한 민영익을 치료해 주고 고종에게서 받은 사례비는 10만 냥, 지금의 50억 원 이었다. 당시 국가의 세액이 480만 냥 정도였으니 알렌이 받은 금액이 얼마나 큰지 입이 벌어질 정도이다. 이처럼 알렌은 우리가 드라마에서 본 모습과는 완전히 다른 모습이다. 1901년 제물포구락부 개관 때는 알렌의 부인이 은제열쇠로 문을 열면서 개관파티가 시작되었고 그 은제열쇠는 알렌의 부인에게 주어졌다. 알렌은 하느님의 사람으로 이 땅에 왔으나 자국의 이권을 대신하고 자신의 이익을 추구한 인물이었다.

우리나라 3대 금광은 운산금광, 운산금광과 한 맥을 이루는 대유동금광, 그리고 전라도 광양금광이었다. 광양금광에서는 해방 직전까지 일본이 눈에 불을 켜고 금을 캐 갔다고 한다. 어느 정도였냐면 파다 파다 나중에는 바다 밑까지 파들어갔고, 광부들이 작업을 마치고 광을 나올 때는 옷 속을 샅샅이 뒤지는 것은 물론 입, 귀, 콧구멍, 신체 구석구석까지 들여다보면서 금의 유출을 막았다고 한다. 광양의 마지막 광부였던 고 손기준님의 따님이신 손은님여사의 말에 의하면 금광에서 금을 캐다가 커다란 금덩이가 나오면 어차피 갖지도 못하지만 일본사람이 못 가져가게 그냥 바다로 던져 버렸다고 한다.

우리당 주택

Woo Li Tang

중구 송학동 2가 16/ 현재 동국빌라

청국 사람인 오례당은 세관의 방판으로 외국어에 능통해서 조선의 전권대신인 민영익, 홍영식, 유길준 등이 미국을 견학하러 갈 때 통역으로 동행했던 인물이다. 그는 부인을 위해 집을 지었는데 얼마 되지 않아 불이 났다. 1909년에 같은 모양으로 다시 지었으나 오례당이 곧 사망하고 그의 재산은 대부분 일본인 소유가 된다.

오례당 주택은 1930년대에는 인천상공회의소 대표였던 요시다 히데지로의 주택으로 사용되었고 해방 후에는 미군 독신 장교 숙소로 그리고 이후 우리나라의 육군 방첩대가 사용하던 중 화재로 소실되었다. 현재 이 터에는 동국빌라가 들어서 있다.

여섯 번째 이야기

세창양행 • 타운센드 상회 • 이화양행 • 홈링거 양행 터 • 광창 양행

세창양행

중구 중앙동 3가 4-41/현재 중앙빌딩 인천마사회건물

독일계무역회사인 〈세창양행〉은 현 중앙동 한국마사회인 천지사 자리에 있었다. 알렌이 조선에 있는 미국인들의 이권을 위해 배후에서 역할 했듯이 독일인들의 배후에는 묄렌도르프가 정치적 입지를 이용하여 세창양행의 설립과 운영에 많은 영향을 주었다.

〈세창양행〉은 조선에서는 동물의 모피와 담배, 조개 등 농수산물을 싼값에 사가고 서양의 흥미로운 공산품과 직물 등을 수입했다. 또한 우리나라에서 최초로 광고를 낸 회사인데 '독립신문' 에 수마트라산 수입 석유의 판매 광고와 화륜선으로 평양을 다니는 화물객선 창룡호, 상해로 떠나는 현익호의 운항 광고를 내는 등 많은 한글 광고를 내면서 제물포를 거점으로 적극적인 경영을 펼쳐나갔다.

〈세창양행〉의 판매 물품 중에서는 독일제 물감과 바늘이 인기가 많았고 금계랍(키니네)은 가정상비약으로 인기 있었다. 조선 여성들은 특히 독일제 바늘을 선호했는데 가늘고 바늘 끝이 아주 매끈해 옷을 꿰맬 때 옷감이 뜯기는 일 없이 쉽고 매끄럽게 옷감을 통과해 바느질이 한결 수월했기 때문이다. 이후 〈세창양행〉은 무기, 철강, 기계 등을 수입하여 중재무역을 하면서 큰 수익을 올렸다.

이야기 더하기

"우리나라는 일본, 중국과 마찬가지로 19세기에 우표를 발행했다. 1884년 4월 22일 고종황제의 칙령으로 우정총국을 설치했다. 1884년 10월 1일(양력 11월 18일) 서울, 인천 간에 신식우편제도가 실시되었고 1885년 1월부터 부산 등지에서도 확대실시하기로 예정되었다. 업무내용은 일본, 미국을 본떴고 서울성내는 1일 2회 배달, 서울~인천 간은 당일 중에 배달되었다. 만국우편연합에 가입할 때까지는 편법으로 일본의 중개를 통해 외국우편교환도 가능하였다.

우정총국은 7개월 정도의 준비기간을 거쳐 그해 11월 18일 역사적인 업무 개시일에 맞춰 첫 우표를 내놓았다. 태극무늬 둘레를 당초문이 에워싸고 있는 우표의 문양은 초대 우정총판 홍영식이 완성한 것이며 일본 대장성 인쇄국에 의뢰해 발행한 우표로 바로 '문위우표'이다. 그러나 이 명칭은 애초부터 붙여진 이름이 아니며 당시의 화폐단위가 '문(문은 1푼을 뜻한다)'이었기 때문에 후에 수집가들이 붙인 이름이다.

문위우표 발행 당시에는 우표가 아닌 '우초'라는 단어를 썼다. 문위우표 전면에는 'COREAN POST'라는 영문과 함께 '대조선국우초'라는 글자를 새겼다. 우표의 발행 주체는 '대조선국'이지만 디자인에서 인쇄까지 제조 작업은 모두 일본에서 일본인의 손을 거쳤다.

5문 우표 50만장과 10문 우표 100만장 중 2만장은 우정총국 업무 개시일에 맞춰 먼저 한성에 도착했고 나머지 3종(25문, 50문, 100문)은 4개월 후에 도착할 예정이었다. 그런데 1884년 12월 4일 우정총국 개국 연회에서 갑신정변이 일어나 우정총국은 문을 닫고 우편사업 자체가 중단되었다. 결국 우표는 창고에 방치된 채 바깥구경을 못하게 되었고 문위우표는 불과 18일간 사용된 후 역사 속으로 사라진 비운의 우표가 되었다.

일본은 일본대로 우표의 인쇄 대금을 독촉했고 사면초가의 상황에서 세창양행이 왕실 대신 우표대금을 지불하고 우표를 모두 독일로 가져간다. 이 우표들은 '코리아 최초의 우표'로 서양의 우표수집가들에게 팔려 나갔는데 그 중 '엔타이어(entire) 문위우표'는 지금까지 한 장도 발견되지 않았다고 한다. 이 우표는 우정총국이 업무를 수행한 18일 사이에 사용된 우표로 우정총국의 소인이 찍혀있다." 김규희 지음, 『의심 많은 교양인을 위한 상식의 반전101』, 끌리는 책, 2012

현재 인천개항박물관에는 우리나라에서 우편업무를 시작할 때 발행된 우표와 엽서가 전시되어 있는데, 이것들이 〈세창양행〉에 의해 유럽의 우표 수집가들에게 팔려갔다 돌아 온 우표들이다. 전시된 우표는 박물관 명예관장이신 신용석 박사님이 조선일보 유럽 특파원으로 활동할 당시 유럽에서 발견하여 가지고 온 것이다.

일제 강점기에는 우편배달로 누가 누구에게 편지를 보내고 누가 어디에 사는지를 감시하는 수단이었고, 특히 요주의 인물들을 감시하는 데 좋은 수단이었다.

타운센드 상회

중구송학동 3가 7/ 현재 크라운볼링장

현 중구 송학동 크라운볼링장에는 〈모오스 타운센드 상회〉가 있었다. 타운센드 상회는 모오스가 파견한 타운센드가 김옥균과 1884년 5월 1일 인천항에 도착하여 설립한 것으로 말하자면 미국무역상사의 조선지점이다.

김옥균은 고종의 지시로 일본에 있던 제임스 모오스와 차관교섭을 시도하고 1884년 4월 울릉도 산림채벌권 양도 계약을 체결한다. 모오스가 타운센드를 조선에 보낸 것이 이 시점으로 타운센드는 김옥균과 미곡 무역을 하며 한국인 객주와 상인들에게 자본금 대여도 하였다. 그 뒤 미국의 거대 석유기업 〈스탠다드석유회사〉와 계약을 맺어 조선에서의 석유 독점 판매권을 획득하여 1896년 인천 월미도에 약 50만 통의 석유를 저장할 수 있는 창고를 짓기도 하였다.

〈타운센드 상회〉는 1888년 이래 무기를 구입하여 조선정부에 납품하면서 면세 혜택까지 받았고 왕실 관련 사치품, 전기 관련 용품 등을 납품하고 왕궁 전등시설 공사에 참여하였다. 인천 등지의 외국인을 대상으로 생필품을 수입해 판매도 하였다.

또한 1892년 증기력을 응용한 정미공장의 효시인 〈타운센드 정미소〉를 설립, 운영했는데, 조선 사람들은 이 정미소를

담손이 정미소라 불렀다. 한 때는 이곳에서 장면 부통령의 부친 장기빈씨가 대리인으로 일을 하기도 했다

월터 타운센드는 1878년 23살의 나이에 제임스모스가 대표로 있는 〈요코하마의 외국 무역상사〉에 고용되었다. 그러다 외국차관, 도입을 위해 일본에 있던 김옥균과 함께 인천으로 들어와 〈모오스 타운센드 상회〉를 설립(1884)하여 궁궐에서 쓸 종이를 수입 상납하였다. 영국의 〈이화양행〉, 독일의 〈세창양행〉에 이어 세 번째로 국내에 설립된 서양의 무역상사였다.

〈타운센드〉는 1895년 모스의 권리를 인수해 〈타운센드상회〉로 개칭하고 미곡, 석유, 무기 등의 중개무역과 정미소를 운영했다. 그는 1918년 3월 인천에서 사망하여 인천 외국인 묘지에 묻혔고 그 뒤에는 맥코넬이 〈타운센드상회〉를 계승하여 1930년까지 운영했다.

이화양행

우리나라 최초의 외국인 상사다. 1883년 우피무역을 시작으로 상하이에서 나가사키, 부산을 거쳐 인천에 이르는 정기항로를 개설하고 조선의 광산채굴에 힘을 썼으나 성과를 거두지 못한채 1884년 12월 철수하였다.
청일조계지 앞 바다에 폐선을 띄워 놓고 사무실 겸 창고로 사용하였다.

중구 선린동 천국조계지 계단 앞 바다

〈이화양행〉은 1832년 동인도 회사 소속 무역선의 선장이었던 스코츠 윌리엄 자딘과 제임스 매디슨이 중국 광동성 광저우에 설립한 상사로 주로 아편과 중국차, 홍차 무역을 하였다. 우리나라 최초의 외국인 상사로 후에는 서울에도 진출하여 을지로에 사무실이 있었다.

조선은 청나라의 추천을 받아 묄렌도르프를 통해 1883년 영국계 상사인 〈이화양행〉과 기선운항에 관한 계약을 체결하였다. 그 후 660톤급의 기선인 남승호로 나가사키와 부산을 경유하여 인천과 상해를 연결하는 정기항로를 개설하였다.

〈이화양행〉은 폐선을 인천항 중국인 거류지 앞에 세워 놓고 이를 사무실 겸 창고로 사용하면서 정기선을 운항하였으나 누적된 운항결손으로 정기선 운항은 1년 만에 끝나고 말았다. 이 1년간의 정기선 운항은 우리나라 최초의 기선운항이었다.

홈링거양행

중구 송학동 1가 9/ 현재 모텔 아띠

중구청을 오른쪽에 두고 언덕길을 돌아 올라가다 보면 오른쪽 모퉁이에 모텔 아띠가 있는데 그곳이 바로 〈홈링거양행〉 터이다. 〈홈링거양행〉은 서양식 2층 건물로 1898년 준공되었으며 1층 내부에는 대규모의 금고가 있었다고 한다.

영국계 상사인 〈홈링거양행〉의 본점은 나가사키에 있었고 조선에서는 해안동에 처음 사옥을 갖고 있다가 1898년 신사옥을 건축하였다. 1904년 러일전쟁이 시작되기 전까지 러시아의 러청은행과 동청철도회사 선박부 대리점을 겸하였고 홍콩상하이 은행의 사무소격으로 다량의 한국 쌀을 수출하고 구미산 직물, 사탕, 양주, 연초, 기계류, 양철, 유리, 시멘트, 밀가루, 페인트 등을 수입하였다. 〈홈링거양행〉 인천지점은 1910년까지 존속한 기록은 있으나 그 후 조선매일신문사 사장의 주택 겸 법률사무소로 사용되었고 다시 전매되어 〈조선알미늄공업주식회사〉로 사용되었다고 한다. 광복 이후인 1946년부터 1947년경 주한 미국대사관 공보원 인천분원이 들어섰는데 당시 원장은 안중근 의사의 5촌 조카인 안원생이었다고 한다. 이후 1953년부터 해군수로국으로 사용되다가 1961년 화재로 소실되었다. 지금은 모텔 아띠가 들어서 있는데 건물 한쪽에 얼마 전까지 석축이 남아있었다.

광창양행
베넷상사

중구 해안동 4가 /현재 주차장

베넷상사→식산은행(2차)→한국산업은행(인천중동우체국 건너편 주차장)

1902년 영국인 월터 베넷은 일본인과 합자해 〈일영무역회사〉를 설립했는데, 몇 년 뒤 베넷이 독자적으로 경영하면서 〈광장양행(베넷상사)〉으로 개칭했다. 베넷은 상하이로부터 영국제 면직물을 재수입하여 판매했다.

산업은행의 전신인 식산은행이 현 중화루 자리에서 이곳으로 이전하였다. 〈광창양행〉자리에 석조로 지어졌던 식산은행 건물은 그 뒤 한국산업은행으로 사용하다가 지금은 공영주차장이 되었다. 지역에 주차장이 필요하긴 하겠지만 다시는 똑같이 지을 수 없는 건물과 맞바꾼 것이다.

베넷은 1915년부터 20년 동안 제물포 주재 영국 명예 영사를 지냈고 아내가 죽은 후 영국으로 돌아가 여생을 보냈다. 월터 베넷의 일본인 부인 하나 글로버의 아버지 토마스 글로버는 선박과 무기를 판매하는 일본 〈글로버상회〉의 주인이었다.

일곱 번째 이야기

대한천일은행 ● 구)일본 제1은행 ● 구)일본 제18은행

● 구)일본 제58은행 ● 조선식산은행

대한천일은행

중구항동5가 13/ 현재 인천문화재단

"대한제국 하늘 아래 첫째가는 은행'이라는 뜻의 대한천일은행은 고종황제의 적극적인 지원으로 설립되었고, 발기인들은 조정의 고위관료와 중견관료 그리고 실업가들이었다. 대한천일은행은 일본자본의 증가와 더불어 일본은행설립으로 금융침투가 심각해지자 민족자본 형성의 중요성을 인식한 상인들이 고종의 윤허를 얻고 내탕금(임금의 개인재산을 관리하던 곳)까지 지원받아 1889년 1월 3일 설립한 순수 민족계 근대은행이었다. 대한천일은행의 우리나라 최초 지점이 바로 한국상업은행(우리은행에 합병)의 전신인 대한천일은행 인천지점이다.

설립초기에는 자본금 5만 6천 만 원에 발행 주식은 1천 120주(주당 50원)으로 출발했으며 1899년 5월 인천 지점을 개설한 이후 부산에도 지점을 설치했다. 그러나 자본금이 불입되지 않고 재정부족으로 운영마저 어려워지자 황실로부터 자금 5만원을 빌린다. 그리고 은행장에 당시 6세의 어린 영친왕이, 부 은행장에 이용익이 취임하면서 황실이나 고위관리자들이 이용하는 특수은행이 된다.

대한천일은행은 1905년 경제위기와 화폐개혁으로 인해 휴업했다가 1년 뒤인 1906년 자본금을 15만원으로 늘리고 경영진을 쇄신하여 민간은행의 면모를 갖춘다. 그러나 다시 경영권 악화로 25만원을 무이자 융자를 받고 일본인의 도움을 받으면서 경영실권이 일본에 넘어가게 된다.

1911년 조선상업은행으로 이름을 바꾸고 1912년 한성공동창고주식회사와 합병 1925년 대동은행, 1928년 삼남은행을 흡수 합병 광복 이후 한국상업은행으로 상호를 변경하였다." 한국민족문화대백과,

1956년 1월 경동인천지점출장소로 이전하였다. 1998년 7월 31일 한일은행과 합병선언을 하고 한빛은행으로 이름을 바꿨다. 조선상업은행 인천지점 건물은 이후 해무청사, 대한해운공사인천지점, 조양상선이 사용하였다. 1920년에 지어진 르네상스양식의 건물은 조양상선이 사용하다가 시문화재 지정을 앞두고 1989년 갑자기 헐어버렸다. 이후 그 자리에는 26년간 동인천등기소가 새로 건물을 짓고 들어와 있었다. 동인천등기소는 2016년 3월 이전하여 얼마 전까지 건물이 비어 있다가 2017년부터 인천문화재단이 사용하고 있다.

"한국전기통신 100년사는 대한천일은행 본점과 대한천일은행 인천지점을 우리나라 최초의 전화가입자로 기록하고 있다. 인천전화소가 교환업무를 시작한 1903년 2월 17일 서울본점과 인천지점 간 통화가 이루어졌다고 기록하고 있다"

실향민이야기 꿈엔들 잊힐리야, 경인일보, 2017. 4.6

구)일본 제일은행

중구 중앙동 1가 9-2/ 현재 인천개항 박물관

일본 제1은행 건물은 1897년 착공해 1899년 완공되었으며 설계자는 니이노미 다카마사로 모래, 자갈, 석회를 제외한 벽돌, 석재, 시멘트와 목재를 일본에서 반입해 사용했다. 신축 당시 지붕은 일본식 기와로 마감했다고 하는데, 후에 누수 등의 이유로 함석으로 교체되었다가 현재는 동판으로 마감되어 있다. 전체 구조는 본관, 금고동, 부속동, 창고동, 사택으로 구성되어 있으며 이중 부속동은 1930년경 증축된 것으로 추정된다.

도쿄에 본점이 있는 일본 제1은행은 1878년 일본 제1은행 부산지점으로 들어왔고 1883년 인천이 개항하면서 부산지점 인천출장소를 개설하여 조선에서 생산되는 금괴와 사금을 매입하는 업무를 대행하였다. 또한 서울과 인천에 있던 일본영사관의 금고 역할까지 하면서 인천출장소는 1888년 9월 인천지점으로 승격된다.

현재 개항박물관 내부 제 1전시실 우체사가 있는 쪽에서 등대 쪽으로는 지하로 내려가는 계단이 있었다고 한다. 관동갤러리의 도다 선생과 함께 박물관에 오셨던 일본인은 "일본은 대부분의 은행에 지하 금고를 따로 만든다"고 하시면서 여기도 지하금고일거라는 말씀을 하셨다. 그리고 우표 패널이 있는 뒷면에는 벽난로의 모습도 확인 된다. 갑신정변이 일어났을 당시에 제1은행건물은 목조건물이었는데 그 당시 제1은행장이 몸을 피한 김옥균을 숨겨주었다고 한다. 6.25전쟁 당시에는 미군들은 이 건물을 맥주홀로 사용했었다.

일본 제1은행은 개항장에서 관세 및 수수료를 징수하다가 후에는 화폐를 직접 찍어냈다. 1905년 일본 제1은행이 화폐개혁을 전담하면서 우리나라의 중앙은행과 같은 역할을 하게 되자 1909년 한국은행을 조선의 중앙은행으로 창립한다. 이후 일본 제1은행은 한국은행 인천지점으로 변경되었다가 1911년 한국은행이 조선은행으로 바뀜에 따라 조선은행 인천지점이 된다.

"1945년 8월 6일 히로시마에 원폭이 투하되고 곧바로 일본은 패전에 대비했는데 바로 '돈' 이었다. 제 2차 세계대전 종전 즈음에 일본은 화폐제조가 어려워지자 조선에서 인쇄를 하였다. 그러나 극심했던 물자 부족과 혼란 속에서 지폐 전용 용지를 구입하지 못해 서울시내 지물도매상에서 구입한 모조지로 화폐를 발행 유통하였다고 한다. 그러던 와중에 조선은행 간부들이 신권 발행을 추진하려 하자 해방 이후 출납 창구를 맡은 우리나라 직원들이 통화증발을 우려하여 강력히 반대했고, 미군정 당국도

이를 거부함에 따라 발행이 무산되었다. 그런데도 일본은 극비리에 일본 도쿄의 한 인쇄소에서 발행된 화폐들을 조선으로 들여왔고 1945년 8월 하순부터 9월 초까지 약 보름간 조선은행권을 불법으로 제조 유포시켰다. 당시 다나카 조선은행장은 이 일로 인해 과로사 할 정도였다고 한다.

일본은 항복을 선언한 8월 15일 이후에도 새로운 화폐를 대량으로 찍어냈다. 교과서를 찍어내는 인쇄소에서 1,000엔짜리 지폐 총 95억 원 가량을 2주 만에 찍어냈다고 한다. 그렇게 찍어낸 화폐를 9월 1일부터 사용하게 되었는데 화폐는 인쇄상태가 조악하고 불량했다. 한편 1944년 말부터는 폐기해야 할 화폐를 모으고 있었는데 구화 45억 정도를 조선총독부에서 보관하고 있었다고 한다. 이렇게 마이너스 해야 할 돈까지 계속 유통되어 총 140억 원 가량이 시중에 유통되고 있었는데 이 돈을 총독부 관리들이 나누어 가졌다. 당시 시세로 50만 원은 현재 100억 원의 가치를 갖는다. 이 일로 인해 조선은행의 재무국장인 미즈타는 경제 교란죄로 체포된다. 미군정은 조선을 떠나는 일본인들이 가져갈 수 있는 돈을 1인당 1,000엔으로 제한했으나 이미 엄청난 자금이 일본으로 옮겨진 후였다."

한국은행 편저, 『일제시대 및 해방 이후 화폐』, 한국은행, 2004

미즈타의 죄는 일본 기업인들에게 융자를 권유했다는 죄목이었으나 그 융자금은 갚을 필요가 없는 돈이었다. 갚지 않아도 되는 그 융자금은 총 24억 4천 만 원으로 현재 가치로는 5조원 정도가 된다고한다. 일본의 목적은 우리의 경제를 회복불능의 상태로 만드는 것이 아니었을까?

해방공간에서는 미군정 관리들의 뇌물수수가 성행했다고 한다. 1946년 대구에서 폭동이 일어나기 직전 우리나라의 쌀값은 치솟아 올라 기존 가격보다 60배가 뛰었고, 물가 폭등의 주범들은 미군의 비호 하에 하나 둘 빠져나갔다. 미즈타가 마지막까지 조사를 받았으나 그 역시 비밀리에 풀려나 일본으로 돌아갔다.

이 시기 일본의 농간으로 조선의 민족지도자들을 공산주의자로 낙인찍은 효과도 상당히 컸다. 일본이 국내의 불안한 상황을 이용해서 미국에게 철저하게 왜곡된 정보를 주고 간 것이다.

일본 제1은행 제물포지점은 현재 개항박물관으로 사용되고 있으며 개항당시 제물포를 통해서 들어온 근대 유물과 문물을 소개하고 있다.

이 건물을 설계한 건축가 니이노미 다카마사는 근대건축

교육을 받은 인물로 동경제국대학으로 통합된 고부대학을 졸업했다. 당시의 고부대학은 대부분 영국 대학의 건축과를 졸업한 사람들이 최신의 건축기술을 가르쳤던 학교였다.

다카마사가 설계한 주요 건축물 중에서는 도쿄의 무린암이 유명하다. 이곳은 야마가타 아리토모의 별장으로 이토 히로부미와 관리들이 일본의 외교방침에 대해 논의한 장소로 유명하다. 또 다른 건물로 일본 황태자의 결혼 기념 건축물을 시공하기도 했다.

주)일본 제18은행

중구 중앙동 2가 24-1/ 현재 인천개항장 근대건축전시관

제18은행은 일본 나가사키에 본점을 두고 있는 은행으로 인천 개항장에 최초의 해외 지점을 설치했다. 1890년 다키모토 나키미츠의 설계로 완공되었으며 밖에서 보면 단층 구조로 보이지만 안에서는 복층 구조로 고전적 장식의 절충주의 양식이다. 건물의 벽채는 벽돌로 쌓고 그 위에 몰탈로 마감을 했고 기둥과 기단 부위는 석재로 마감하였다. 지붕은 목조트러스 위에 일식기와로 모임(지붕) 형태였으나 이후 보수할 때 동판을 얹었다. 내부는 벽돌로 쌓고 외관을 화강암으로 마감하였다. 해방 후에는 상공은행과 신탁은행의 합병으로 생긴 한국홍업은행 인천지점으로 사용되다가 카페, 상설매장 등 여러 용도로 사용되다가 2006년 9월 인천개항장 근대건축전시관으로 개관했다.

당시에는 광목을 비롯한 직물류는 대부분 영국에서 중국 상해로 수입되었는데 이 무역품들이 인천으로 직접 수입된 것이 아니라 나가사키를 거쳐서 수입되었다. 조선은 면포류 수입이 1위였고 그로 인해 무역금융이 늘어나면서 자연스럽게 제18은행 업무가 일본 상인들을 지원하며 그들의 사업자본이나 고리대금 자본을 육성하는 것이 되었다.

이야기 더하기

1. 2010년 6월 23일, 조○○씨 아버님으로 추정되는 70대의 관람객

"1957년 한국흥업은행(현 근대건축전시관)에 입사하였으며 2년 정도 지난 1959년 한일은행으로 바뀌었다. 화폐개혁 당시에는 신구 화폐가 자루에 담겨 금고와 2층에 쌓여있던 기억이 난다. 계단 옆문은 은행장이 출입하던 문이다. 계단 뒷문으로 나가면 현재의 쉼터 자리에 숙직실, 화장실, 식당이 있었으며 2층에는 당구대도 있었다. 서울에서 높은 분이 오시면 직원들 모두가 입구에 서서 단체 사진을 찍었다."고 하셨다.

2. 2007년 3월 20일, 제18은행 건물을 전시관으로 리모델링 한 건축가

근대건축전시관 건물은 여러 사람이 다양한 용도로 사용했는데 한 때는 카페로 사용되기도 했다. 이때에는 금고의 위쪽 작은 방이 아가씨들의 휴식 장소로 이용되었다고 한다. 건물은 90% 원형복원이 가능했는데 목적이 전시관이었고 예산 부족으로 인해 제대로 복원할 수 없었다고 한다. 전시관 입구에 방으로 된 곳은 예전 사람들이 벽을 헐어 없앴던 것을 서대문형무소를 헐 때 나온 벽돌을 사다가 쌓아서 복원했고 창문은 원형복원이 가능했지만 그렇게 하지 못했다고 한다.

벽에 있던 루바는 다 헐어서 직원에게 줬고 2층에서 수표와 여러 장의 전표도 찾아서 담당 직원에게 넘겨주었는데 그걸 시청으로 준 것 같다. 영상이 비치는 가벽 뒤에는, 제18은행이라는 글씨가 선명하게 남아 있다며 무슨 연유인지 황급히 떠나갔다.

근대건축전시관이 개관한 당시에는 전국적인 관심을 끌었고 많은 사람들이 와서 많은 이야기를 들려주었다.

구) 일본 제58은행

중구 중앙동 2가 19-2 /현재 중구요식업조합

일본 제58은행은 오사카에 본점을 두고 있는 은행으로 1892년에 제물포지점을 설립했다. 건물은 전체적으로 프랑스풍에 르네상스 양식이 더해진 절충주의 양식이며 벽돌을 쌓고 석편으로 마감했고 1층에서 2층으로 오르는 계단이 40도나 되어 매우 가파르다. 한 관람객은 인천중동우체국의 입구와 이 건물 (일본 제58은행)의 입구가 동쪽을 향하고 있는데 그것이 도쿄를 향하는 그들의 마음을 표시하는 것이라고 이야기 했으나 확인된 바는 없다.

일본 제58은행은 인천전환국 설치와 함께 전환국에서 발행하는 신화폐와 구화폐의 교환과 정리업무를 담당했다. 후에 130은행과 합병되어 야스다은행으로 개칭되었고 1943년 한일, 동성, 호남 등 3개 은행의 합병으로 생긴 조흥은행이 해방 이후까지 사용하였다. 그 후 대한적십자사 경기도지사 건물로 사용하다가 현재 중구요식업중구지회 사무실로 사용 중이다.

“6.25전쟁 중이던 1951년 9월부터 1954년 3월까지 미 사령관인 헌트, 에머슨 등의 장교 숙소로 이용되었다.”

미군민간수송단(현 중부경찰서 인근)에서 하우스보이로 생활했다는 분의 이야기이다. 그분께서는 자신이 일했던 미군민간수송단 건물을 찾아보기 위해 중구 일대를 다니다가 근대건축전시관에 들어오셨다. 그 분과 한참 이야기를 나눈 끝에 중부경찰서 쪽에 있던 옛날 건물의 사진을 찾아서 보여 드렸더니 맞다고 하여 사진을 복사를 해드렸다.

조선식산은행

중구 중앙동 4가 (1차)/ 중구 해안동 4가(2차)/현재 공영 주차장

현 중화루 (제1차) → 한국산업은행 (제2차) :인천중동우체국 건너편 주차장

조선식산은행은 조선총독부의 산업정책을 금융측면에서 뒷받침 한 핵심기관 중 하나이다. 1918년 10월 대한제국 말기에 설립된 한성농공은행 등 농공은행 6개를 합병해 설립했으며 일본 제국의 식민지 경제 지배에서 동양척식주식회사와 함께 중요한 축이었다. 특히 1920년부터 1934년까지 실시된 산미증산계획에서 자금을 공급하는 기관으로서의 역할을 했다. 중일전쟁 이후로는 약 8년 동안 전시체제 속에서 채권발행과 강제저축을 통해 조선의 자금을 흡수하면서 일본정부와 전쟁수행을 위한 군수산업에 자금을 공급하는 역할을 담당하였다. 태평양 전쟁 종전 후에는 한국산업은행으로 개칭되었고 한국식산은행은 1952년 한국산업은행으로 흡수되었다.

당초 조선식산은행 지점은 1919년 5월 중앙동 4가 7번지(현 중화루)에 개설되었다. 이곳에서 약 5년간 영업을 하다가 1925년 12월 해안동 4가 1번지로(현 인천중동우체국 건너편 공영주차장)에 건물을 신축하여 이전한 것이었다. 그 자리는 베넷이 운영했던 광창양행과 같은 터이다.

여덟 번째 이야기

내동교회 · 내리교회와 영화초등학교 · 답동성당

대한성공회 내동교회

중구 내동 3

신포동 로터리 금강제화매장 옆, 내동과 송학동을 마주하는 자유공원 언덕길을 오르다보면 중세풍 석조에 한국의 전통 처마 양식 구조가 혼용된 성공회내동교회가 보인다.

1890년 영국 해군 종군신부인 코프 주교와 의료선교사인 랜디스 박사가 선교와 의료 활동을 위해 제물포에 도착했다. 그들은 1891년 4월 송학동 3가 3번지에 성미카엘 교회를 짓고 활동을 시작했으나 6.25전쟁으로 인해 교회 건물이 소실되어 성누가병원(현 대한성공회 내동교회) 자리에 교회를 지어 이전했다. 현재의 교회 건물은 6.25전쟁에서 전사한 영국 군인들을 추모하기 위해 유가족들의 모금으로 건립한 전쟁기념교회이다.

코프 주교는 영국, 미국, 아프리카, 중국에서 종군신부로 활약하다가 1889년 한국교구 초대 주교로 취임한 후 랜디스 박사와 함께 제물포로 왔다. 도착하던 날 코프 주교는 해관 감독관인 존스턴의 어린 아들에게 첫 영세 성사를 베풀었다고 한다. 그는 1900년 11월에는 현존하는 대한성공회 건물 중 가장 오래된 강화성당의 축성식을 거행했으며 1905년 조선을 떠났다.

현재 내동교회 사제관으로 사용되고 있는 건물은 러시아

영사관이 건립되기 전인 1902년 러시아영사관으로 사용된 곳이다. 이곳은 또한 1904년 러일전쟁 당시 일본 적십자 병원이었는데 러일전쟁에서 부상당한 러시아 부상병들을 치료해 주기도 하여 2004년 러일전쟁 100주년을 기념해 러시아 대사로부터 받은 감사패가 걸려있다.

이야기 더하기

1. 랜디스 박사-남득시

'랜디스 박사가 건립했고 직접 진료를 본 성누가병원은 영국 해군의 의료기금으로 세워진 곳이었다. 더불어 조선 사람들을 진료하는 데 사용되는 의료 선교비까지 코프주교가 복무했던 영국해군에서 지원받았는데, 무료 진료와 치료를 해주는 랜디스 박사에 대한 존경으로 조선사람들은 그를 '약대인'이라고 불렀다. 또한 랜디스 박사는 병원이름을 성누가병원으로 지은 것을 두고 이 이름이 조선인에게는 별 의미가 없다며 선행을 즐거움으로 베푸는 병원이라는 뜻의 '낙선시의원'이라는 간판을 달았다.

랜디스 박사는 1865년 미국에서 태어나 필라델피아 대학교에서 의료박사학위를 받고 영국 성공회 코프 주교와 의료선교를 하기 위해 1890년 9월 29일 제물포에 도착했다. 조선에서 활동한 8년 남짓한 기간 동안 낮에는 조선인들에게 헌신적으로 의술을 베풀었고 저녁 5시부터 8시까지 40여명의 학생들을 4개 반으로 나누어 영어를 가르치고 5명의 고아까지 데려다 길렀다고 한다. 한문 실력도 뛰어나 집필하고 수집한 300여 권의 책은 현재 연세대학교 도서관 랜디스 문고에 보관되어 귀중한 자료로 이용되고 있다.

랜디스 박사는 자신의 몸을 돌보지 않고 일에만 매달리다 결국 1898년 장티푸스에 걸려 32세의 젊은 나이에 짧은 생을 마감한다. 그의 장례는 그가 사랑한 나라인 조선식으로 치러졌고 제일 좋은 한복두루마기를 입혀 안장했다고 한다. 랜디스 박사는 청학동 외국인 묘지에 고이 잠들어 있다.'

참 사랑을 실천한 랜디스 박사, 문화콘텐츠닷컴

2011년 인천 모 대학교의 학생과 호주에서 온 한 교수가 전시관에 찾아왔다. 캘리포니아 소도시의 신학대학교에서 랜디스 박사에 대한 자료를 찾느라 필름을 뒤져보다가 1893년 코프 주교가 인천내동교회에서 환등기를 돌려서 조선인들에게 영화를 보여줬다는 기록을 찾았다는 것이다. 영화를 보기 위해 드나들 때 조선인과 일본인의 출입문이 달랐고 좌석은 남녀 구분해서 앉았다는 기록도 있다고 했다. 선교사가 흰 천을 둘러치고 영화를 보여주면 사람들이 영화를 보기 위해 나무 위에 올라가곤 했다고 하며 보름달이 뜬 밤에는 영화를 보는 사람들이 화면이 안 보인다고 야단들이었고, 그 모습들을 영상으로 담아 보내면 영국 사람들이 성금을 모아서 보냈다고 한다.

호주인 교수는 인천에도 그에 대한 자료가 있을까 궁금해서 전시관에 왔다고 했다. 그러나 전시관에는 별다른 자료가 없었고, 성공회내동교회 신부님과 신학생에게 확인해보았으나 마찬가지로 그에 대한 기록은 없고 신학교 교수님들도 영화를 보여줬다는 것을 아는 분이 없다는 답변만 받았다. 오히려 그때 그 호주인 교수한테 좀 더 물어보고 알고 있는 것에 대한 자료라도 받았더라면 하는 안타까움이 문득문득 들곤 한다.

내리교회와 영화초등학교

중구 내동 29 /동구 창영동 36 (우각로 39)

1885년 부활절인 4월 5일에 미국 북 감리교인인 아펜젤러는 미국 북 장로교인인 언더우드와 함께 제물포에 첫 발을 디뎠다. 언더우드는 그 날로 서울에 있는 알렌의 집으로 향하였고 부인이 임신 중이었던 아펜젤러는 일본으로 갔다가 다시 입국하여 첫 예배를 드렸는데 이것이 한국 최초 개신교감리교의 시작이었다.

1885년 7월 7일 나가사키에서 도착한 풍금으로 예배당에서 연주를 시작한 것이 조선에 울려 퍼진 최초의 감리교 찬송이었다. 1891년에는 한국최초의 감리교회인 내리교회가 세워졌고 교인의 수가 점차 증가하자 1901년 웨슬리 예배당을 세웠다. 그러나 웨슬리 예배당은 1964년 화재로 전소되었다. 2013년 똑같은 모습으로 교회 본당 옆쪽에 새로 지었다. 현재의 교회 본당 건물은 1985년 내리감리교회 창립 100주년을 기념해 건립한 것이다. 본당 제대 정면에는 1995년 설치 된 파이프 오르간이 있는데 해마다 3~4회 정도 연주회를 연다.

영화초등학교는 우리나라 최초의 근대식 초등교육기관이다. 존스 부부는 1892년 1월 제물포교회(내리교회)의 담임목사로 부임하였다. 존스 목사의 부인 마가렛 벤젤은 교육의 혜택을 받지 못하는 조선 여성의 현실을 보고 영화학당을 설립하였으나 초기에는 학생이 없었고 교회 전도사 강재형의 딸만 등록해 교육을 시작했다. 훗날 민족운동가 하상훈, 베를린 올림픽의 우승자 손기정 선수의 가슴에서 일장기를 지운 동아일보 이길용 기자, 전 이화여대 총장 김활란 박사 등이 졸업한 학교이다.

이야기 더하기

'서울로 올라간 아펜젤러는 1886년 6월 중순까지도 선교를 할 수 없었고 매일 한 시간씩 영어만 가르치고 있었다. 마침내 1887년 2월 고종으로부터 '배제학당'이라는 학교명을 하사받았는데 아펜젤러는 이를 자신의 사업에 대한 승인이라 생각하고 복음전도 활동을 시작했다. 그는 주말이면 제물포에서의 예배를 주관하기 위해 매주 7시간씩 말을 타고 제물포로 달려왔다고 한다. 1902년 8월 아펜젤러는 목포에서 열리는 성서번역자 회의에 참석차 인천항에서 배를 타고 가던 중 목포 인근 바다에서 충돌사고로 배가 침몰해 익사 순교하였다. 그리고 존스 목사는 1902년 당시에 교회신자들을 설득해 하와이 이민을 보내기도 하였다.'

답동주교좌성당

중구 답동 3-1

사적 제 287호인 답동주교좌성당은 파리외방전교회 소속 빌렘 신부가 1889년 제물포 성당을 창설한 것으로부터 시작되었다.

"제물포 항에 정박하고 있는 맹콩스탕 함선의 러쿨롱 함장도 방문하여 또 다른 도움을 주었다. 그의 주의 깊은 시선과 자비로운 마음은 프랑스 수녀들이 아주 곤란한 생활을 하고 있다는 것을 알아 차렸다. 수녀들이 자기들의 곤란을 말하기 전에 수녀들의 부족한 음식을 보충하기 위해서 도움을 주겠다고 제안하였다. 한편 아시아의 근로자들이 실망스러울 만큼 일을 느리게 한다는 것을 알고 있는 그는 프랑스 근로자들이 와서 도와주지 않는다면 프랑스 선교사 신부가 건축을 완성하지 못할 것이라는 것을 알고 그의 수병들을 파견하여 선교사의 지도하에 건축을 돕도록 하였다. 정박 중인 배안에서 아무 활동도 하지 않고 있던 그들은 이 일을 하게 됨으로써 활동과 변화를 갖게 되고 또한 '동족'수녀들을 도와줄 수 있다는 것 때문에 기뻐했다.

즉시 목공일이 시작되었다. 매일 아침 그들은 자기들이 하루 종일 먹을 음식과 수녀들을 위해 약간의 음식을 가져왔다. 또한 이 군인들은 성바오로의 집 문이 잠길 때까지 문을 지켜주었다.

샬트르 성 바오로 수녀회 옮김, 『(자카리아의) 여행일기: 조선에 온 첫 선교 수녀』, 기쁜소식, 2008

공사가 시작되었으나 1894년 청일전쟁으로 다시 중단되었고 1895년 정초식 이후에야 다시 본격화 될 수 있었다. 그렇게 이듬해인 1897년 종탑까지 완공되고 축성식이 거행되었다. 이후 신자수가 증가하자 제 4대 드뇌 신부가 1933년 증축계획을 세웠고 기존 성당건물은 그대로 두고 외곽을 벽돌로 쌓아 올리는 개축을 시작하여 1937년 현재 구조로 완성하였다. 답동성당 언덕은 좋은 흙으로 된 땅이어서 그 땅의 흙으로 직접 벽돌을 구워서 건물을 지었는데 직접 구운 벽돌이라서 일반 벽돌보다 크기가 크고 단단하다고 한다.

성당건물을 지을 때 제물포에 사는 일본인이 많은 기부금을 냈다고 하나 이름은 알려지지 않았다. 당시 벽돌은 벽돌 쌓는 기술이 좋은 중국인 벽돌공들이 쌓아 올렸으며 사용한 목재는 일본 오사카에서 들여왔다. 성당의 뒤쪽 반지하, 제대아래 쪽에 누워야만 들어갈 수 있는 공간이 있는데 그곳 천정에 오사카라는 글씨가 지금도 선명하게 남아있는 것을 확인했다.

성당 정면과 양쪽에는 3개의 종탑이 있는데 1897년 성당건물이 완공, 축성되었지만 당시에는 뾰족한 종탑만 있었을

뿐 종은 설치되지 않았었다. 1900년 4월 17일에야 교우들과 제물포에 거주하며 주로 해관에 근무하던 외국인 신자들의 봉헌으로 종이 설치되었다.

일제 말기에는 사제들에 대한 감금과 탄압이 있었고 신학교와 성당, 병원은 징발하여 고사포진지로 만들었으며 성당에도 일장기를 게양하게 하였다. 또한 성당의 종은 무기를 만든다며 가져가는 등의 수난이 계속 되었다.

답동성당 역시 종 헌납을 강요받았다. 당시의 임종국 신부는 “그 종은 축성된 종이라 뗄 수도 없고 다른 용도로 쓸 수도 없다” 고 거절하였으나 일제는 들어주지 않았다. 이때 평양에서 전쟁을 위해 성당 종을 헌납했다는 소식이 신문에 보도되자 할 수 없이 답동성당의 종을 헌납하겠다고 하였다. 그러나 임신부님은 새로운 묘안을 내어 “건물 구조상 가운데 큰 종은 떼더라도 내려 올 수가 없으며 나머지 두 개의 작은 종은 가능하다” 는 것을 전했다. 이에 일본 관헌은 두개라도 좋으니 어서 떼라고 하였다. 또 다시 “그 종은 도저히 다른 목적으로는 사용할 수 없으니 하나는 해안동 쪽에 또 하나는 숭의동 쪽에 설치하여 비상시에 울려 시민들이 경계태세를 갖추게 하는 것이 어떠냐?" 고 제안하여 일제의 승인을 얻어내었다. 그 뒤 그렇게 지켜낸 두 개의 종은 해방과 더불어 무사히 답동성당으로 돌아왔고 현재까지 성당 종탑에 걸려 보존 되고 있다. 종은 1960년대까지 울렸으나 시끄럽다는 주변의 민원으로 지금은 울리지 않는다.

답동주교좌성당의 종탑에 걸린 종 안쪽에는 당시 교황인 레오 13세, 그리고 답동주교좌성당의 주임신부였던 마라발 신부의 이름이 새겨져 있다. 다른 종 안쪽에는 오례당(청국인 해관통역관) 아멜리아(오례당부인) 스트리플링, 라포르트(해관장)의 이름이 지금도 선명하게 남아있는데 2011년 종탑에 올라가 직접 확인했다.

1889년 7월 1일 제물포 성당의 초대 신부로 부임한 빌렘 신부는 부임한 지 일주일 후 임시성당으로 마련한 가옥에서 한국인 59명과 일본인 25명이 참석한 가운데 첫 미사를 진행했다. 1890년 현 답동주교좌성당이 자리한 언덕 부지를 매입하고 다양한 선교활동을 통해 인천에서 천 주교 기반을 마련했다. 안중근의사가 이토오 히로부미를 저격하고 뤼순 감옥에 수감되어 있을 때 조선 천주교의 교구장은 뮈텔주교였다.

당시 조선 교구장이었던 뮈텔주교가 안중근 의사에 대한 사목적 배려를 소극적으로 평가하여 빌렘 신부가 안중근 의사를 찾아가는 것을 만류했음에도 빌렘신부는 뮈텔주교의 권고를 어기고 뤼순감옥으로 면회를 가서 안중근 의사에게 영세와 고해성사를 집전했다. 빌렘 신부는 이 일로인해 직무정지를 받고 끝내는 외국으로 출국 당하게 된다.

현재 전해지는 대부분의 자료에는 빌렘신부가 뤼순감옥에서 안중근 의사에게 영세를 주었다고 나와 있으나 개인적으로 아무런 연고가 없는 외국인 신부가 뤼순까지 가서 영세를 주었다는 것이 이해가 되지 않아 자료를 찾아보았고 이창호의 『안중근 평전』에서 답을 찾았다. 이 책에 '안중근의사는 16세(19세라고도 함)때 그리스도교에 입문세례를 받았고, 빌렘 신부를 따라 다녔다' 는 내용이 있다.

안중근 의사와 가족이 모두 세례를 받았고, '신부를 따라 다녔다' 함은 미사 때 사제를 도와 옆에서 미사진행에 필요한 도움을 드리는 '복사' 역할을 했던 것으로 생각된다. 안중근 의사가 사형선고를 받고 빌렘신부의 방문을 요청한 것은 살면서 자신이 지은 죄에 대한 고백을 하기 위한 '고해성사'와 죽기 전 임종 때 받는 '종부성사'를 받기 위함이었을 것이다. 빌렘신부는 안중근 의사의 고해성사와 종부성사를 집전한 것이다.

- 1909년 10월 26일 오전 9시 30분경 안중근 의사 이토 히로부미 사살
- 1910년 2월 14일 오전 10시 30분 안중근 의사 사형선고
- 1910년 3월 26일 사형집행

'답동성당이 6.25전쟁의 폭격에서도 남아 있을 수 있었던 것은 대한민국 제 4대 부통령을 지낸 장면 부통령 덕분이라는 일화가 있다. 1950년 외교관으로 미국에 있던 장면부통령은 고국에서 전쟁이 발발하자 UN에 연합군 파병을 요청했고 인천을 폭격할 때 답동성당 만큼은 폭격이 미치지 않게 해달라는 부탁과 요청을 했다고 한다. 일제 강점기 장면 부통령의 아버지 장기빈씨는 인천 송학동에 있던 미국인 타운센드가 운영하는 타운센드 상회의 지배인으로 지냈는데, 어릴 적 장면 부통령은 답동성당 마당 한 켠에 있는 박문유치원을 다녔다는 이야기가 있다.' 운석 장면 일대기, 허동현

아홉 번째 이야기

애관극장 ● 정치국 ● 용동권번(龍洞券番, 기생 교육소)
● 카페 금파 ● 수인역 인근 창고 이야기 ● 긴담 모퉁이 길
● 화선장-미군 포로 이야기 '못 잊어 코리아'
● 삼화다방 ● '동공원'과 '신궁神宮' ● 갑문 ● 월미도

애관극장

중구 개항로 63-1(경동)

1895년 개관한 경동의 협률사는 현 애관극장의 전신으로 1902년 서울 정동에 문을 연 협률사보다 7년, 1908년 7월 이인직이 종로 새문안교회 터에 열었던 원각사보다 14년이나 먼저 개관한 국내 최초의 공연장이었다. 서울의 협률사와 원각사가 관 주도로 추진되었으며 황실의 국고 지원을 받아 설립된 반면, 인천의 협률사는 부산 출신 사업가 정치국에 의해 개관된 국내 첫 번째 사설극장으로 알려져 있다.

당시 인천에는 협률사 외에도 여러 개의 극장이 있었다. 1897년 지금의 관동에 100석 규모의 극장이 개관했고, 그 해 송학동 현 인성초등학교 자리에 목조로 된 단층건물에 일본인들을 위한 인천좌라는 오락장이 들어선다. 인천좌에서는 만자이(漫才), 고오당, 우다(うた) 등이 공연되었다고 한다. 한국 최초로 회전무대와 꽃길(하나미찌, はなみち)까지 겸비하고 1, 2층 객석이 전부 다다미로 된 순일본식 목조건물인 '인천 가부키좌' 는 사도 1가(현 사동)에 1905년 개관하였다. '가부키'는 일본의 전통 극을 뜻하고 '좌' 는 극장을 뜻한다. 인천가부키좌는 1935년 인근의 축지활판소에서 난 화재로 인해 소실되었고 같은 자리에 인천세관 임시청사가 세워진다.

1909년 개관한 표관(답동사거리 외환은행 자리)은 활동사진 상설관으로 일본영화를 주로 상영한 가설극장이었고 협률사의 후신인 애관극장은 서양영화를 상영하였다. 협률사는 개관 당시 인천문화의 중심 역할을 했으며 개항장 인천의 이미지에 맞춰 이름을 '축항사' 로 바꾸었다가 1926년에 '보는 것을 사랑 한다' 는 의미의 '애관' 으로 개명되었다. 원래 건물은 6.25전쟁 당시 화재로 소실되었으나 1960년 개보수를 하고 2004년에는 멀티플렉스 영화관으로 전면 보수되었다.

1960년대의 애관극장은 영화뿐 아니라 강연이나 연주회장으로도 명성이 있었는데 20세기 최정상급 지휘자이자 피아니스트였던 레너드 번스타인의 연주회가 열리기도 하였다.

이야기 더하기

40여 년 전만 해도 비디오나 오디오가 흔치않았다. 그 시절 세계적인 스웨덴의 4인조 보컬그룹 '아바'의 공연실황을 녹화하여 애관극장에서 상영한 적이 있었다. 당시 엄청나게 많은 젊은이들이 몰려 발 디딜 틈도 없고, 숨 쉴 틈새도 없이 더운 여름날 열광하던 모습이 기억난다. 나는 키가 작아서 한 장면도 제대로 볼 수 없었지만 그 열기는 대단했다. 당시에는 좌석제가 아니었기 때문에 좋은 자리에 앉기 위해 영화가 끝날 즈음에 들어가서 영화가 끝나면 자리를 차지하고 처음부터 영화를 보곤 하였다.

40년 전에는 애관극장에서 아바의 공연실황 녹화본을 보았는데 몇 년 전에는 영화로 만들어진 '맘마미아'를 애관극장에서 보았다.

정치국

중구 개항로 45번길 120-20 (내동 151)

정치국은 부산사람으로 큰 상인이었으며 부자였다. 그는 인천으로 이주하며 극장사업을 시작했는데 그 자리가 바로 '협률사' 지금의 '애관극장' 이다. 당시 부산의 극장들은 일본인들의 소유였으며 조선인은 설립기회조차 얻기 힘들었다.

정치국은 1900년 이완용의 형이며 세력가인 이윤용과 함께 해운회사인 대한협동우선회사를 설립하고 총무장 겸 인천지점장을 하였으며 1903년에는 중추원의관 및 서주임 6등으로 임명되었다. 1904년 러일전쟁이 일어나자 대한협동우선회사는 일본군 편에서 군수물자와 군인수송에 참여한 공로로 일본군 육군으로 부터 상여금 30엔을 하사 받았고 일본 정부로부터 훈6등서보장의 훈장도 받았다. 정치국은 1914년 공진회 평의원, 1916년 인천상의원부회두, 1919년부터는 서민을 상대로 대부업을 하는 인천금융조합장을 역임하기도 하였다.

한편 정치국은 1913년 인천에 소방상비소와 보건조합을 설립하는데 앞장서 외리(현 경동인근)에 상비파견소를 설치하고 소방수와 기구를 배치한다. 앞서 1912년에는 조선인의 위생상태를 개선하려는 목적으로 보건조합을 설립하여 조합장을 맡기도 하였다.

미곡 중간상을 주업으로 하는 근업사를 창립한 영남출신

의 부호 정치국과 함께 인천에 온 업자들은 영남지방 출신으로 대부분 일본어에 능통하였기 때문에 타지방 사람들 보다 독점적 지위를 가지고 중개업을 독식하다시피 하였다.

1924년 사망할 때까지 정치국이 살았던 집은 경동사거리 냉면집 뒷골목 입구에 있는 음식점 자리이다.

용동권번 : 기생 교육소

중구 개항로 63-2 애관극장 뒤

권번은 관기제도가 폐지되면서 인천에도 관기가 사라지고 1912년에 인천용동기생조합이라는 명칭이 등장했는데 대략 1910년 전후 용동권번이 자리잡은 것으로 추정된다. 권번은 지금의 애관극장 옆 계단 뒤쪽에 있었다. 오래도록 용동권번 표지석이 시멘트에 싸여 있었는데, 지금은 시멘트를 벗겨내어 '용동권번소화4년(1929년 6월)수축' 이라는 글씨가 계단 앞 면에 살아있어 다행이다.

'용동권번에서 기생 교육을 받았던 인물로는 1920년대 경성방송국 라디오 방송에 출연해 〈개성난봉가〉〈경복궁타령〉 등 20여곡을 부른 김일타홍, 1930년대 수많은 히트곡으로 이름을 날린 가수 이화자, 일본인보다 일본노래를 잘 불러 일본요정으로 단골 출장을 다닌 이화중선, 춘원 이광수가 사랑했던 학생기생 변혜숙, 아리랑의 나운규와 사랑에 빠졌던 영화배우 오향선, 인천항에 입항한 중국 함장의 마음을 빼앗아 출항 일정을 수 일 넘기게 할 만큼 뛰어난 미모를 가졌던 박미향, 훗날 영화계의 대모였던 복혜숙 등이 있다.

노래와 웃음을 팔던 기생들이지만 당시의 신여성답게 현실에 대한 의식을 지니고 있었다. 1925년 7월 부천군 일대(현 남구, 남동구)에 쏟아진 비로 수해가 발생했을 때는 용동권번의 모든 기생들이 먹을거리를 가지고 부천군 일대를 다니며 이재민들에게 나누어주기도 했다. 1946년 4월 15일 용동권번 대표는 광복 후 중국에서 귀환한 전재민 동포들이 있는 수용소에 방문해 기생들이 모은 구호금 1만원을 전달했고 동명학교에도 1만원을 기부했다. 1940년대에 태평양전쟁이 가열되고 쌀 배급에 이어 술 공급도 제한되면서 요정들이 하나 둘 문을 닫고, 권번도 문을 닫게 되었다.' 예기들은 어디가고...... 돌계단에 흔적만 덩그러니, 2014.4.2, 인천일보

카페곰파

중구 우현로 35번길 23-2 (중구 신생동)

카페는 간단한 서양요리와 커피, 맥주, 양주 등을 판매하는 곳이었다. 1920년대 인천에도 부사, 흑선, 일화루 같은 카페가 등장하기 시작했는데 그중 까페 금파는 신포동과 신생동 경계 5거리(현 청실홍실)에 문을 열었던 곳이며 1917년 러시아 혁명으로 인해 조선에 망명한 러시아 여성이 운영했다는 이야기도 전해지는 곳이다. 까페 금파는 태평양 전쟁기간 동안 잠시 휴점 했고 광복 이후 고려회관으로 영업을 재개하였으나 6.25전쟁 중 소실되어 지금은 모밀국수와 우동을 파는 국수집이 자리하고 있다.

2006년 9월 인천개항장근대건축전시관이 개관하고 얼마 되지 않은 10월경 70대 후반의 일본인 할아버지가 전시관에 들어오셨다. 우리말은 전혀 못하시고 짧은 영어로 "I was Born......" 으로 말문을 여시면서 눈물을 글썽이셨다. 할아버지는 카페 금파 옆집에서 태어나 14살까지 이곳에서 살았다고 한다. 당시에는 전시관 쉼터에 카페금파가 정면에 찍힌 대형사진이 부착된 포토존이 있었는데 그 사진을 어루만지시며 울먹이셨다. 1년에 두 차례 봄, 가을로 인천 중구를 방문하시는데 늘 올림포스 호텔에 묵는다고 하셨다.

할아버지는 이때마다 신흥초등학교(일제강점기에는 일본

인 자녀가 다니던 인천공립심상소고등학교)를 보고, 신포시장을 거쳐, 신포동, 중앙동, 그리고 일본인들의 중심거류지였던 관동을 거쳐 근대건축전시관 앞길을 지나 올림포스호텔로 가시는데 이 여정을 '추억의 길' 이라고 하셨다. 할아버지께서는 몇 년 동안 봄, 가을마다 전시관을 찾아오셨고 나도 당시의 사진과 책자를 찾아 일본으로 보내드리곤 했다. 또한 할아버지께서는 여행을 다니면서 찍은 엽서와 작은 선물을 보내주셨고 두어번은 일본 친구 분들과 함께 근대건축전시관을 방문했었다.

몇 년이 흐르고 한 번은 한국에 계신 친구 분이 함께 오셔서 통역을 해 주셨는데 일본 할아버지의 아버지께서 신포동에 집을 지을 때 일본에서 기와를 가져와서 지었는데 유언으로 한국 집의 기와를 한 장 가져다 함께 묻어달라고 하셨다는 것이다. 할아버지는 기와가 아직까지 남아있는지, 가져갈 수 있을지 확인하였는데 다행히 지금까지 기와도 남아있고 현재 살고 있는 집 주인이 선선히 주었다고 했다. 나에게 기와를 그냥 가져가도 되는 건지 어떤 절차가 필요한 건지 물으셨다.

출국시간이 다가오고 다급해 하셔서 일단 대전문화재청에 문의를 하니 공항문화재 감정평가단실에 모 박사님과 통화를 해보라는 답을 주었다. 나는 일단 할아버지께는 공항으로 출발하시라 하고 모 박사님과 통화를 한 뒤 두 분 할아버지께 그 박사님을 찾아가시라 했다. 그리고 얼마 후 한국 친구 분께서 전화를 주셨다.

"선생님, 덕분에 아주 잘 됐어, 패키지도 싹 해주시고, 다시 열어 확인하지 않아도 되게 서류도 다 써줘서 갖고 갈 수 있게 됐어...... 우리 친구가 너무 고맙다며 울어......" 수화기 너머 옆에서 "아리가또(ありがとう)"를 몇 번이고 말씀하시는 할아버지의 음성이 들렸다. 70여 년 전 일본에서 만들어져 한국까지 왔던 기와는 수십 년을 한국의 비바람 속에서 살아서 그렇게 다시 일본으로 돌아갔다.

수인역 인근 창고 이야기

중구 신흥동 2가, 3가 일대

"기차가 먼저 길을 냈는지, 마을이 먼저였는데 철로가 끼어 들었는지 분간이 어려운 마을"

사람들은 그 동네를 그냥 수인역이라고 했고 이 지역 사람들은 설명하지 않아도 다 알았다.

수인역은 인천 중구 신흥동 신광초등학교 정확히는 뒤쪽을 말한다. 1937년 일제는 우리나라에서 생산되는 질 좋은 천일염과 쌀을 수탈하기위해 수인선을 건설했다. 소금이 수탈의 대상품목이 된 것은 화약을 만드는데 중요한 재료이기 때문이라고도 한다.

'인천에서 생겨 난 인천만의 풍습이었는지 그러다가 전국으로 번져 나간 것이었는지 알 수 없으나 일제강점기 당시 정미소의 선공 여인들은 머리에 수건을 썼다. 선미 여인들이 매일 아침에 흰 수건을 쓰고 정미소가 밀집한 중구 신흥동, 사도 쪽으로 가기 위해 답동성당 뒷길인 '긴담모퉁이 길' 을 가득 메웠다는 이야기가 전해진다.'

신태범 지음, 『인천 한 세기』, 홍성사, 1983

이야기 더하기

수인역에는 지금도 빨간 벽돌로 지은 창고들이 남아 있는데 일제강점기 때 인천으로 실어온 쌀을 쌓아 놓거나 정미하던 정미소 창고들로 1970년 때 후반까지만 해도 고려정미소가 가동을 하고 있었다. 그 당시 고려 정미소에서 친구 아버지께서 근무 하셨는데, 그 친구가 자기 아버지한테 들었는지 창고들이 모두 헐리고 아파트가 들어선다는 이야기를 했었다. 벌써 40년 전의 일로 어린 우리들은 "정말? 아무리?" 하면서 반신반의 했고 오랫동안 아파트는 들어서지 않았다. 그러다 10여 년 전부터 정말 아파트가 들어서기 시작했다. 지금은 큰길 양 옆으로 아파트가 들어서고 대형마트(가또 정미소와 주동창고 자리)도 있어서 다니기가 수월하지만, 10여 년 전만 해도 굳게 닫힌 창고 건물들만 늘어서 있어 인적이 드문 길이었다.

아직도 아파트 사이에는 몇 개의 창고가 흐르는 세월을 묵묵히 보내고 있다. 한 때는 창고 중 한 곳을 인천의 대표 서점인 대한서림이 책을 보관하는 창고로 활용하면서 창고에서 직접 책을 판매하기도 했다. 오래 전 어린 아들과 찾은 창고는 천정까지 진열한 책과 셀 수 없이 많은 진열대로 인해 마치 미로 같았다. 책을 좋아하는 사람들은 한번 들어가면 나오기가 쉽지 않은 곳이었다. 아직도 그

창고 안에 책이 가득한지...... 책 사이에서 일던 먼지와 함께 그 기억이 아련하게 떠오르곤 한다.

긴담 모퉁이 길

신흥동 일대의 일본인들이 축현역(지금의 동인천역)으로 가는 길을 만들기 위해 구릉을 잘라 길 양옆에 길게 축대를 쌓아 올려 길을 만든 것이다.

긴 돌담길이 생기기 전에는 주변에 임오군란 때 목숨을 잃은 일본군인들의 묘지와 절이 있었다.

중구 답동 성당 뒷길

긴담 모퉁이 길

긴담 모퉁이 길 일대는 1900년대 초반 일본인들의 묘지와 절이 있던 구릉지였다. 1902년 그 묘지가 율목동으로 이전하자 신흥동 일대에 살던 일본인들이 1907년에 긴 축대를 쌓아 신흥동에서 축현역(현 동인천역)으로 이어지는 신작로를 만들었다.

긴담 모퉁이 길이라는 이름은 긴 돌담이 생기고 신흥동과 만나는 곳이 길 모퉁이여서 불린 이름이다. 축대 위에는 대한제국 말기 외부대신과 법부대신을 지낸 이하영의 별장이 있었고 그 후 부천군청사가, 얼마 전까지는 말일성도 예수그리스도교회가 들어서 있었다. 돌담길 중간에는 일제강점기에 만든 것으로 추정되는 방공호(굴)가 있다.

화선장 미군포로 이야기

‘못 잊어 코리어’

중구 신포로 28

"일제강점기 인천 수인역 인근 신광초등학교 자리에 포로 수용소가 있었다. 포로 수용소에는 미7사단장 존슨 장군이 수용되어 있었는데, 그는 제2차 세계대전에 참전했다가 1942년 필리핀 전투에서 일본군의 포로로 3년 여를 남양군도의 여러 섬으로 끌려 다니다가 옮겨와 있었다.

존슨 장군은 제 2부두공사에 끌려 다니며 혹독한 생활과 배고픔을 견디다 못해 같이 있던 미군 포로 3명과 함께 탈출을 하였다. 골목골목을 뛰어 다니다 숨어든 곳이 지금 신포동 신한은행 옆에 위치한 '화선장' 이라는 일식집이었는데 공교롭게도 일본인이 운영하는 음식점이었다. 탈출해 숨어 든 곳이 일본인 식당이었던 것이다. 그러나 다행히도 음식점에서 근무하던 한국인 김진원씨가 이들을 맞이했고 구석방에 숨겨주며 먹을 것을 주었다. 그러나 존슨 장군은 밥을 얻어먹고 목욕탕에서 때를 밀다가 일본군에게 다시 잡혀 버리고 말았다고 한다. 그 뒤 해방과 함께 인천수용소에서 구출되고 20년이 흐른 1966년 다시 김진원씨를 찾아 그가 운영하고 있던 경양식집 부엌문에 '존슨 키친' 이라는 사인을 걸면서 뜨거운 눈물을 흘렸다고 한다. 당시의 고마움에 대한 보답으로 미7사단장 시절 동두천과 부천 등지의 농촌을 돕고자 4H클럽을 통해

토끼, 돼지를 기증하였으며 농사지식 보급에도 힘썼다고 한다." 못잊어 코리아, 1966. 7. 19

내가 어렸을 때만해도 화선장은 번화가의 음식점이었는데 지금은 1층에 미용실, 2층은 맥주타운이 들어와 있다. 다행히도 2층 내부는 아직 서까래라든가 대들보가 당시 모습 그대로 잘 남아있어 2층 창가에 앉아서 오가는 사람들을 내려다보면 밖은 차와 사람들로 분주하게 움직이지만 안은 밖과는 달리 다른 시공간에 있는 것 같은 느낌이 들기도 하는 장소이다.

삼화다방 이야기

지금은 다방 간판도 없어지고 문도 닫혀있다.
오래전 다방안 입구바닥의 뚜껑을 열고 보았던 그 검푸른 물이 어디서 흘러 들어왔는지...
왜 빠져 나가지 않는지 알 수는 없으나 지금도 출렁이던 검푸른 물색을 생각하면 나도 모르게 몸이 떨린다.

중구 중앙동 2가 24

다방 건너편(옛 우체국 관사)에 사시는 이종임 할머니 (2015년 87세)

인천중구요식업조합 건너편에는 똑같은 크기의 집 4채가 나란히 있다. 이 곳은 일제 강점기에 인천우체국 사택으로 사용되었던 곳인데, 그중의 한 집에 살고 계시는 할머니께 오다가다 인사를 드리고 가끔 이야기도 나누었다. 그러다 할머니께서는 지나가는 말처럼 이 동네 옛날이야기를 해주셨다.

할아버지께서는 마루보시(대한통운)에 다니다가 시계, 라디오 등을 수리하면서 세 자녀를 키우고 가르치셨다고 한다. 그리고 중앙동 마사회 건물 1층에는 6.25전쟁 때 여자경찰서가 있었는데 친척분의 딸이 여자경찰을 했다. 그리고 지금 할머니가 살고 계신 댁 건너편에는 3~4년 전까지 '삼화다방' 이 있었다.

"해방 전 후에는 이 앞에가(할머니 댁과 삼화다방 앞길) 개천이었고 다방 옆집에는 일본 여자가 혼자 살면서 타이프를 쳤어"

"뭘 하는 여자였어요?"

"모르지...... 그냥 타이프만 쳤어 뭘 혔는지 모르지...... 그리고 6.25때는 밤에 인민군이 오면 동네 남자들은 죄다 삼화다방 아래 숨었어. 거기에 물이 가득 차 있어. 어디서 들어온 물인지 모르는데...... 물이 가득 차 있는데 동네 남자들이 죄다 그 물속으로 피신해 숨어 있다가 인민군이 가면 나왔어...... 그러다 한 번은 친척 아저씨가 그 물속에 숨었다가 나와서는 아프대. 아프다더니 돌아가셨고...... 그러다가는 또 낮에는 미군이 길에 나타나면 여자들은 죄다 도망을 가야혔대. 무조건 잡아다 강간을 했다네 에구......"

할머니는 그 얘길 해 주시면서 몸을 떠셨다. 도움을 주러 온 그들이 잠시 머물면서 또 다른 가해자로 변한 이야기이다. 할머니께서는 가끔 뵐 때마다 그렇게 같은 이야기를 여러 번 해주셨다. 삼화다방 입구 바닥에 있는 쇠로 된 뚜껑을 열면 시커먼 물이 넘쳐 올라올 듯이 출렁거린다. 그 물색을 생각하면 나도 모르게 지금도 몸이 떨린다.

'동공원'과 '신궁'

중구 인중로 146/현재 인천여자상업고등학교

일제는 당시 만국공원(현 자유공원)을 서공원이라 하고 현재 인천여자상업고등학교가 있는 곳에 1890년 인천신사를 건립하고 그 일대에 식수, 분수, 정자 등이 있는 일본식 공원을 조성하고 동공원이라고 불렀다.

"동공원에 세운 인천신사는 처음에는 인천대신궁으로 1890년 10월 일본 황대신궁에서 신위를 가져왔다. 인천신사는 일본 천조대신과 명치천황을 제신으로 삼은 신사이다. 인천에 신위가 도착하고 하루 일본영사관에 있다가 다음날 신전에 봉안하고 제례를 행하였다고 한다.

신사는 1915년 개축되었고 이때 이름을 인천신사로 바꾼것이다. 대신궁 건축공사가 낙성되면서 인천신사는 지속적인 증축공사를 하며 규모를 넓혔는데 지금도 볼 수 있는 축대와 울타리 공사는 1919년부터 이후 3년여에 걸쳐 축조한 것이다.

1945년 일본이 패망하자 인천신사는 조선인들의 표적이 된다. 그 때 인천신사에서는 탁구공 크기의 검은색 옥사죄 신체가 있었는데, 일본인들의 신령이 깃든 신체가 훼손 되는 것을 막기 위해 1945년 8월 17일 인천신사의 궁사들과 인천부윤 부두관리국장이 입회한 가운데 인천항 앞바다 한가운데에 그 신체를 가

라앉혔다고 한다.

인천신사 터는 1945년 해방 이후 3년 여간 미군이 사용하였고 1949년 5월 미군이 철수하자 학교가 들어서면서 완전히 철거되었다. 신사 주변에는 아직도 일본인들의 종교 활동 흔적이 남아있는데 현재 송도중학교자리에는 묘각사가 인근에는 동원본사, 서본원사, 명조사, 편조사 등 일본불교 사찰들이 많이 있었다.

이 동네에는 '수명루' '명월루' 라는 고급 요정이 있었다. '수명루' 는 인천 최고의 요정으로 청일전쟁이 끝난 후 '판판루' 로 이름을 바꾸어 영업을 계속했다. 판판루는 여러 채의 일본식 건물로 구성되어 있었고 대형연회장을 갖추고 있었으므로 인천항에 입항하는 일본 함대의 환영연회를 독점하였고 조선의 초대 통감이었던 이토오 히로부미(이등박문)도 인천에 올 때마다 즐겨 찾았다고 한다."

네이버 블로그 '인천의 어제와 오늘' 내용 중

이야기 더하기

오래 전 인천여상 아랫길을 지나다가 열려진 어느 집 대문을 들여다 보게 되었는데 마당에 암석으로 된 굴 같은 곳이 있었다. 주인한테 양해를 구하고 그 굴에 들어가 보았는데 한 여름인데도 안은 서늘하고 시원했다. 주인은 냉장고가 없어도 될 정도라면서 김장도 이곳에 두고 먹는다고 하였다. 인천여상(인천신사)과 맞닿은 위치로 보아 방공호 같다는 생각이 들었다. 그래서 길을 돌아가 인천여상 쪽에 그 굴과 연결된 곳이 있을까 찾아보았지만 흔적을 찾진 못했다.

인천시에서 출판한 책 『골목, 살아(사라)지다』(인천광역시, 2013)에 보니 이 굴은 옛 신사를 떠받쳤던 거대한 암석을 길게 이어지게 방공호로 뚫고 궁사나 승려들 그리고 참배객들이 급히 피신할 수 있게 만든 것이라는 설명이 있었다.

갑문식 도크

제물포의 개항은 1883년이다.
그러나 오래 전에 보았던 갑문 설계도의 한 귀퉁이에는 또렷하게 1882년이라고 씌여 있었다.

중구 월미로 376 (북성동 1가)

1883년 개항 후 인천항에는 중국과 일본을 오가는 정기운항선이 개설되는 등 각국의 선박 출입이 빈번하였으나 항만시설은 석축을 쌓고 잔교와 자갈로 만든 초보적인 시설에 불과했다. 그러다 1906년 대한제국 정부의 항구수축계획으로 인천 세관 일대에 기초적인 항만기능이 갖추어지고 일본에 의해 1911년 수위가 다른 두 수역 사이에 선박을 통과시키는 갑문공사가 시작되고 1918년 최초의 이중 갑문식 선거가 완공된다.

이 갑문으로 인천은 조수 간만의 차이와 상관없이 선박의 입출항과 접안 및 하역이 가능한 항구가 되었고 1923년 월미도를 잇는 제방 축조 공사까지 마치며 인천내항이 완성되었다.

인천항 갑문공사 당시 일본은 공사인부의 인건비를 주지 않아도 되는 죄수들을 동원하였다. 그 때 인천감리서에는 105인 사건으로 서대문형무소에서 수감 중이던 백범 김구가 이감되어 옥살이 중이었는데 갑문공사에 동원되어 강제노역을 하였다. 인천갑문은 해방이 되고 수출입 물량이 많아지면서 1974년 박정희 대통령 시절 인천항 확장공사를 하면서 8부두까지 완공이 되고 연안부두까지 매립 되었다.

몇 년 전 철도 답사를 하면서 부두 안쪽의 철도를 볼 수 있었다. 당시에 부두를 안내해 주던 항만청 직원에게 예전에 뱃고동 소리를 들었던 생각이 나서 지금은 왜 뱃고동소리가 안 들리는지 물어보았다. "해마다 12월 31일 자정이면 항구에 정박해 있던 배들이 일제히 1분간 뱃고동을 울리면서 새해를 맞이한다고 한다. 예전에는 인천항에 정박한 배들도 뱃고동을 울려서 그 소리를 들었었는데 언제부턴가 뱃고동 소리를 들을 수가 없다" 직원의 답은 "주민들이 시끄럽다는 민원을 넣어서 중지했다"는 것이었다. 뱃고동 소리를 들으며 잠을 깬 적도 있고, 낮에는 간간히 들었었는데...... 성당의 종도 민원 때문에 울리지 못하고 12월 31일 자정에 울리던 뱃고동 소리도 울리지 않는다. 항구에서 뱃고동 소리가 울리지 않는 항구가 인천항 말고 또 있을까?

오래 전 월미도는 아무나 들어 갈 수 없는 곳이었다. 입구에는 총을 든 해병대 헌병들이 보초를 서고 드나드는 사람들을 일일이 확인 하고 출입시켰다. 군부대가 주둔해 있는 군사지역이기도 했지만 당시나 지금이나 국가중요 시설인 내항공사가 진행되고 있었기 때문이다. 당시 중학생이었던 나는 당시 갑문공사를 하는 회사에 다니고 있던 언니를 만나기 위해 군부대 초소에 신고(?)를 하고 사람도 차도 다니지 않는 아스

팔트 길을 혼자서 걸어 들어갔었다. 그 날 마침 갑문을 통해 어마어마하게 큰 배가 바로 내 눈 앞에서 천천히 갑문을 빠져 나가는 것을 볼 수 있었는데, 엄청난 크기에 놀라 심장이 벅차게 뛰었던 기억이 난다.

몇 년 전 근대박물관의 故최 관장님을 뵈러 갔었는데 아주 중요한 걸 보여 주시겠다며 종이 한 장을 꺼냈다. 그것은 그리 크지 않은 설계도면이었는데 바로 인천항 갑문 설계 도면이었다. 도면 한 쪽에는 건축비용인지 금액이 빼곡히 적혀 있었고 도면 위에 1882년이라고 적혀 있었다. 다시 보고 다시 봐도 1882년이었다. 제물포 개항이 1883년인데 인천항 갑문 설계도의 연도가 1882년인 것이었다. 일본은 개항 이전에 이미 모든 걸 준비하고 있었던 것이었다.

2006년 일본 '제국데이터뱅크' 라는 회사에서 개항장 일대를 취재 촬영하러 왔다가 일본 제18은행 지점 건물이 '개항장 근대건축전시관' 으로 개관한 것을 보고 들어왔다.'제국데이터뱅크' 라는 회사가 100년 전에 제물포지역을 조사하러 왔었는데 100년 전과 후를 비교분석하기 위해서 왔다는 것이다. 그들은 중구청 인근 거리 풍경을 촬영 중인데 전시관 내부도 촬영하고 싶어 했다. 잊지 않고 자신들의 조상이 머물다가 떠나간 그 영욕의 장소에 다시 찾아 온 것이었다. 이들 외에도 한일병합 100년인 2010년에도 일본방송국에서 취재를 왔었다. 지금도 그 때를 생각하면 소름끼치지만 그 철저한 모습이 한편으로는 정말 부럽기도 했다. 역사를 기록하는데 있어서 그토록 철저하다 못해 악착같음이.

월미도 이야기

번잡한 놀이동산을 옆으로 하고 산책로를 걸으면 오래 된 나무들과 바람소리, 새 소리로 몸과 마음이 편안해진다. 아름드리 나무들 사이를 천천히 걸어 정상에 있는 전망대에 앉아 아련하게 일렁이는 먼 바다를 바라보는 것도 좋다.

중구 북성동 1가

지금은 섬 아닌 섬이 된 월미도에는 인천 앞바다를 지키기 위한 포대가 있었다. 개항을 하자 제물포를 통해 들어 온 제국주의자들은 포대와 행궁이 있던 월미도를 앞 다투어 차지하려고 하였다. 대한제국 시기 일본은 월미도에 해군 석탄고를 무단으로 설치했는데 그 자리는 바로 효종 때 설치한 행궁이 있던 자리이다. 1885년 일본이 이 부지를 구입하려고 했으나 '월미행궁' 터라서 매매가 불가함을 알았다. 일본은 1888년 조선에 석탄고 터를 빌려 줄 것을 다시 요구하였고 "국가적으로 중요한 행궁과 방어진이므로 빌려 줄 수 있다" 는 답을 들었다. 1891년 조선의 독판교섭통상사무를 맡고 있던 민종묵이 월미도 북사면 4,900평을 빌려 주었다.

일본은 조선 정부를 강압하고 월미도 주민을 강제로 내쫓고 일본 해군의 석탄창고 설치를 위해 '월미도기지조차조약'을 체결하였다. 게다가 한 술 더떠 선박 급수소까지 설치하고 월미산 정상에 무선국을 설치하였다. 일제가 월미도에 석탄고와 그 부대시설을 설치하기에 가장 좋은 곳을 미리 조사하여 부지를 택한 것이었다. 1904년에는 작전상 필요하다며 해안포대를 축조하였고 1905년에는 민가 80여 호를 강제 철거하면서 섬 전체를 점거하였다. 1923년에는 북성지구로부터 1㎞의 2차선 제방을 쌓아 육지와 연결한 후 유원지로 개발하여 벚나무를 심고 일본인들을 위한 조탕, 해수욕장, 요정인 용궁각, 호텔, 임해학교 등을 세웠다.

청나라 역시 월미도 서북지역에 석탄고 설치를 요구하였으나 설치하기 이전인 1894년 7월 청일전쟁에서 패배하면서 무산되었다. 1896년 일어난 '아관파천'으로 세력이 강화된 러시아 역시 해군 석탄창고를 짓겠다면서 월미도에 부지를 마련해 줄 것을 요구하였다. 러시아는 음료수 운반을 위해 25칸 가량의 수관을 설치하고 석탄 적재를 편리하게 하기 위한 156칸의 부두를 축조하고 조선 침략의 전진기지로 삼았다. 그러나 1904년 팔미도 근해에서 벌어진 러일전쟁에서 패하자 세력이 위축되고 말았다.

1882년 조선과 통상조약을 체결한 미국은 1893년 5월 독판교섭통상사무 조병직에게 월미도에 미해군 소포연습을 허용해 줄 것을 요청하여 8월에 허가를 받고 포격연습을 하였다. 1897년 조선에 전기가 들어오기 전까지 가정의 필수품으로 일본상인들이 독점 수입했던 석유를 미국인 타운센드가 스탠다드석유 회사와 계약을 맺고 조선에서의 석유독점 판매권을 획득했다. 타운센드는 월미도 동쪽 해안의 터를 사들여

등유(Derosese oil) 50만 통을 저장할 수 있는 석유저장고를 지었다. 이로써 월미도는 제국주의 국가들의 군사기지가 되었다.

1904년 7월 일본의 임시군용철도감부가 군사상 목적으로 교량건설에 착수하였다. 돌을 바다 속에 채우고 그 위에 나무다리를 세우고 철로를 놓는데 길이는 약 900m 정도로 1906년 완공을 한다. 1937년에는 나무다리를 철거하고 석축을 쌓아 다리 공사를 하였다.

월미도는 당시 유원지로 조성이 되었는데 이 둑길을 이용하게 되면서 많은 인파가 몰렸다. 이 돌다리 공사에도 많은 조선인들이 강제로 끌려 나와 노동을 하였다. 1908년에는 월미도 정상에 애탕신사를 세운다. 관동갤러리의 도다 이쿠고 교수에 의하면 동공원(현 인천여상)의 신사에는 천황의 시조(건국신. 우리나라의 단군과 같다고 한다)를 모셨고 애탕신사는 바다를 지키는 신을 모셨다고 한다.

해방이 됐으나 작고 예쁜 섬 월미도의 비극은 끝이 아니었다. 제국주의에 의해 짓밟힌 상처가 채 아물기도 전에 6.25전쟁이 터졌고 인천상륙작전 당시에는 미군 항공기의 폭격으로 월미도 거주 민간인이 많이 희생되었고, 폭격으로 월미도산은 1미터 이상이 깎여나갔다고 한다. 6.25전쟁 이후에는 미군부대가 주둔하였고 휴전이 되고 나서야 대한민국 해군이 주둔하게 되었다. 이 부대는 서해 해역을 경비, 방위하는 제2함대였다.제2함대는 1999년 11월 평택으로 이동한 해군부대로 '천안함' 이 소속되어 있던 부대이다. 제국주의자들에 의해 짓밟히고 군인들의 군화소리가 울리던 월미도는 2001년 국방부로부터 인천시가 인수하고 시민들의 산, 시민들의 공원으로 돌아왔다.

참고문헌

■단행본

최석우 감수, 『답동성당 85년사』, 천주교 인천교구 답동교회, 1974

신태범 지음, 『인천 한 세기』, 홍성사, 1983

인천내리교회 편저,『내리100년사』, 인천내리교회, 1985

고일 지음, 『(仁川昔今)』, 해반문화사랑회, 2001

최성연 지음, 『개항과 양관 역정(開港과 洋館 歷程)』, 해반문화사랑회, 2002

조우성 지음, 『인천이야기 100장면』, 다인아트, 2004

한국은행 편저, 『일제시대 및 해방 이후 한국의 화폐』, 한국은행, 2004.

손장원 지음, 『(다시 쓰는) 인천 근대 건축』, 간향미디어랩 GML, 2006

최원식 외, 『만국공원의 기억』, 다인아트 2006

샬트르 성 바오로 수녀회옮김, 『(자카리아의) 여행일기: 조선에 온 첫 선교 수녀』, 기쁜소식, 2008

손장원, 동정근 외 지음, 『구 인천부청사 기록화조사보고서』, 문화재청 근대 문화재과, 2009

김규희 지음, 『의심 많은 교양인을 위한 상식의 반전101』, 끌리는 책, 2012

유동현 지음, 『시대의 길목 개항장 : 제물포를 드나든 에피소드』, 글누림, 2016

이창호 지음, 『안중근 평전 (구국의 별, 평화의 횃불)』, 벗나래, 2016

오종원, 조우성, 김홍전, 김윤식 지음, 『인천역사문화총서1 (간추린 인천사)』, 인천광역시, 1999

인천광역시 역사자료관 역사문화연구실 편저, 『인천역사문화총서14 (근대의 이민과 인천)』, 인천광역시, 2004

인천광역시 역사자료관 역사문화연구실 편저, 『인천역사문화총서16 (근대문화로 보는 한국 최초 인천 최고)』, 인천광역시, 2005

인천광역시 역사자료관 역사문화연구실 편저, 『인천역사문화총서32 (테마로 찾아보는 인천개항장역사기행)』, 인천광역시, 2007

인천광역시 역사자료관 역사문화연구실 편저, 『인천역사문화총서34 (외국인의 기록으로 보는 인천 근대)』, 인천광역시, 2007
인천광역시 역사자료관 역사문화연구실 편저, 『인천역사문화총서74 (한국 최초, 인천 최고 100선)』, 인천광역시, 2015
가스통 루르 지음, 이수영 옮김, 『(LES HEROS DE CHEMULPO)러일전쟁 제물포의 영웅들』, 작가들, 2006
웨인 패터슨 지음, 정대화 옮김, 『아메리카로 가는 길』, 들녘, 2002
주성식 지음, 『(대한성공회)인천내동교회 110년사:1891~2001』, 대한성공회 인천내동교회 편찬위원회, 2001

▮학술논문

따찌아나 심비르체바(Simbirtseva Tatiana Mikhailovna), 「조선국왕 폐하의 건축가 사바찐(1860-1921))」, 국제한국사학회, 2009
김윤경, 「재인천일본인 고타니 마스지로의 삶과 활동」, 인천학연구 통권 제25권, 2016

▮방송

"경복궁의 눈물", OBS, 2013.3.1
KBS 역사스페셜 98화 "그때 투기가 시작되었다, 미두(米豆)열풍", 2012. 2. 23

▮신문기사

조우성 전 인천시립박물관장 [인천이야기] 조선일보 연재기사
강옥엽 [개항장 이야기], 인천일보 연재기사, 2016~2017
[사진에 비친 인천 100년], 인천일보 연재기사, 2016~2017

[인천고택기행], 경인일보 연재기사, 2016
손장원, [개항장의 외국인 상사들], 기호일보, 2007, 12
[스톡&스토리] 미두신과 금광왕, 서울경제, 11면 2013.7.5
[책 읽는 인천, 문학속 인천을 찾다·28] 오정희 '중국인 거리' , 경인일보, 2014.8.7.
[예기들은 어디가고...... 돌계단에 흔적만 덩그러니], 인천일보, 2014.4.2
[운산금광채굴권이 미국에 넘어간 전말], 전봉관 KAIST 인문사회학부 교수, 조인스뉴스 2015.10.3
[100년 넘은 '스튜어드호텔' 차이나타운서 표지석 발견], 인천일보, 2016.11.3
[실향민이야기 꿈엔들 잊힐리야], 경인일보 2017, 4,6

▮매체

굿모닝 인천

▮사진제공

강덕우 인천광역시 역사자료관 전문위원 역임. (사)인천개항장 연구소 대표

▮기타

2014 인문학 아카데미, 재능대학교 평생교육원
2017 인문학 산책, 재능대학교 평생교육원
https://blog.naver.com/kkkk8155 못잊어 코리아, 1966. 7. 19
http://unsuk.tistory.com/ 운석 장면 일대기, 허동현
인천서부공원사업소 월미도역사유적지
다시 보는 인천교구(98회)
달동네수도국산 이야기